구름 사내

주영국 유고시집

주영국 유고시집 간행위원회
김 완(위원장)
조진태 박관서 이승철 맹문재 김이하 김 수
이동순 강대선 김옥종 이상범 강경아 박신영

구름 사내

인쇄 · 2025년 9월 25일 | 발행 · 2025년 10월 2일

지은이 · 주영국
펴낸이 · 한봉숙
펴낸곳 · 푸른사상사

주간 · 맹문재 | 편집 · 김수란, 지순이
등록 · 1999년 7월 8일 제2-2876호
주소 · 경기도 파주시 회동길 337-16(서패동 470-6) 푸른사상사
대표전화 · 031) 955-9111(2) | 팩스 · 031) 955-9114
이메일 · prun21c@hanmail.net
홈페이지 · http://www.prun21c.com

ⓒ 주영국, 2025

ISBN 979-11-308-2329-4   03810
값 16,000원

푸른사상
시선

215

구름 사내

주영국 유고시집

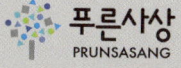
푸른사상
PRUNSASANG

1989년 12월 11일 제주도 신혼여행(천지연 폭포)에서
신부 차진숙과 신랑 주영국 시인.

2014년 10월 9일, 광주 비엔날레공원에서 주영국 시인 가족의 단란한 한때.
좌측부터 주영국 시인, 아내 차진숙, 큰딸 주진주, 작은딸 주다영.

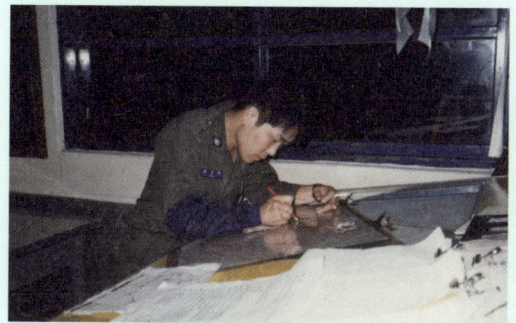

1983년 2월 공군에 입대, 항공기상분석기사로 복무할 무렵.

35년간 공군 기상예보관으로 복무한 주영국 시인은
2018년 4월, 공군 원사로 명예 전역했다.

2006년 6월, 이라크 아르빌 평화유지군으로 6개월간 파병돼
복무할 무렵(좌측 두 번째가 주영국 시인).

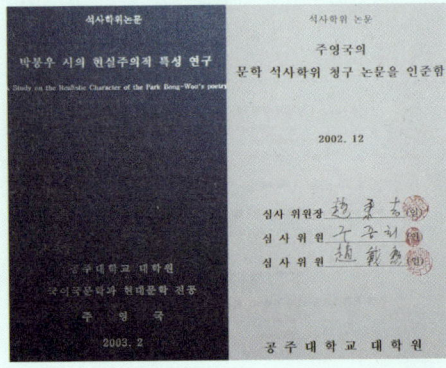

2002년 12월 통과된 공주대
대학원 국어국문학과
석사학위 논문, 「박봉우 시의
현실주의적 특성 연구」

2018년 8월 26일,
광주대 이은봉 교수
정년퇴임식에서
공주대 대학원
국어국문학과 은사,
조재훈 교수(시인)와 함께.

2004년 11월 3일, 전태일문학상 수상자 주영국 시인(왼쪽 두 번째)과
노회찬 의원(앞줄 발언자) 등.

2019년 10월, 첫 시집
출간 후 유튜브 '문학TV'
〈최희영의 책탐(제13회)〉
촬영 후 최희영 대표와
광주 장덕동 자택에서.

첫 시집 출간을 맞아 광주 남광주시장 민속손칼국수집에서.
좌측부터 김수 김완 주영국 시인과 김형근 씨.

2020년 1월 10일, 서울 청파동 민족문제연구소 강당에서 열린 주영국 시집
출판기념회에 참석한 맹문재 시인 등 민족문학연구회 회원들.

2019년 5월 25일, 〈오월문학축전〉 본 행사를 마치고
전국에서 모인 한국작가회의 회원들과 함께.

2019년 〈오월문학축전〉을 마치고 한국작가회의 회원들과 함께. 주영국(좌측 여섯 번째)
시인과 이오우 김석영 옥효정 오하린 이경자 우동식 김황흠 등 문인들.

2020년 6월 20일, 광주 금남로 전일빌딩245 강당에서 열린
〈2020 오월문학제〉 본 행사 후 한국작가회의 회원들과 함께.

〈2020 오월문학제〉 본 행사 다음날 작가회의 문인들과 함께 광주 망월동
민족민주열사묘역 참배. 주영국(왼쪽 앞줄) 시인이 구호를 선창하고 있다.

2020년 8월 6일, 국립5·18민주묘역에서 엄수된
고 채광석 시인(한국작가회의 명예 사무총장) 천장식 후 작가회의 문인들과 함께.

2020년 8월, 광주 5·18민주화운동기록관 전시실에서 열린 5월항쟁 40주년 기념 〈5월시 판화전〉
오프닝 행사 후 문인들과 함께. 우측 첫 번째가 주영국 시인.

한국작가회의 문인들과 함께. (앞줄 왼쪽부터) 강형철 김옥종 백수인 박남준 이승철
(뒷줄 왼쪽부터) 나해철 이철경 주영국 김황흠 김석영.

2018년 7월 하순, 〈한국-몽골 문학인 만남〉에 참가한 주영국(뒷줄 왼쪽 여섯 번째) 시인과
김경윤 박관서 조진태 이지담 박철영 유종 강희진 등 광주전남작가회의 회원들.

전남 곡성에서 열린 〈죽형 조태일 문학축전〉에서.
왼쪽부터 이동순 평론가, 나해철 김완 주영국 시인.

2021년 6월 12일, 주영국 시인의 어의도 생가로 놀러 가고자 전남 신안군 지도읍
점안선착장에서. (왼쪽부터) 이승철 김완 김옥종 한경훈 주영국 시인.

책을 내면서

우리들의 벗이자, 문학적 도반인 주영국 시인이 우리 곁을 떠난 지 어언 3주기가 되었습니다. 3년 전 그날, 뜻밖의 부음을 받고 우리는 얼마나 애절한 마음이었는지 모릅니다. 주영국 시인의 그 뜨거웠던 문학적 열정들… 그가 '한국작가회의', '광주전남작가회의', '민족문학연구회' 활동에서 보여준 올곧은 문학정신이 우리들의 뇌리에 생생하게 너울치고 있었기 때문입니다.

주영국 시인은 참으로 성실, 근면한 사람이었습니다. 그는 1983년부터 2018년까지 35년간 공군기상대에서 '족집게 기상예보관'으로 군복무를 하면서도, 학구적인 정열을 멈추지 않았습니다. 이 기간 중 그는 한국방송통신대, 공주대학교 대학원 국어국문학과와 광주대학교 대학원 정책협상학과를 졸업했고, 조선대학교 대학원 정치외교학과에서 박사과정을 수료했다는 사실이 이를 잘 증명합니다.

또한 그는 1988년 5월 어느 날, 월간 『말』지와 한겨레신문을 접하면서 역사 사회의식에 눈을 떴고, 이후 열정적으로 시혼(詩魂)을 갈무리했습니다. 2004년 '오월문학상'과 '전태일문학상'을 수상하였고, 〈죽란시사회〉 동인으로 참여하면서 진정한 시인정신을 체득하고자 몸부림쳤습니다. 그리하여 『시와사람』 2010년 여름호로 한국문단에 처음 얼굴을 내민 주영국 시인은 2019년 10월에 첫 시집 『새점을 치는 저녁』(푸른사상 간)을 출간해 문단의 주목을 받았습니다. 지난 2020년 '광주전남작가회의' 김완 회장 시절, 그는 사무처장으로 일하면서 5 · 18민주화운동 40주년 기념 '오월문학제' 등을 성공적으로 개최함으로써 조직활동가로서의 역량도 보여준 바 있습니다.

말하자면 주영국 시인은 등단 이후 12년 동안 한국문학의 발전과 갱신을 위해 헌신한 문인이었습니다. 한창 필력에 물이 올라 문단 안팎에서 큰 주목을 받고 있었건만, 너무나 빨랐던 시인의 타계 앞에서 우린 지금도 안타까운 심정을 감출 수 없습니다.

주영국 시인은 첫 시집에서 자신의 감정을 곰삭혀 숙성시킨 언어와 함께 탄탄한 시적 구조와 절제된 미학으로 그만의 개성적인 시편을 보여준 바 있습니다. 이에 우리는 주영국 시인의 제3주기를 맞아 그의 두 번째 시집에 해당하는 유고시집 『구름 사내』를 펴내고자 뜻을 한데 모았습니다.

첫 시집 『새점을 치는 저녁』에 수록되지 않은 발표작 51편(제1, 2, 3부)과 주영국 시인이 투병생활에 들어가기 직전, '시작노

트'에 육필로 쓴 14편(제4부)을 수록했습니다. 주영국 시의 진솔함은 오랜 세월, 하늘과 바람과 구름을 보며 '기상 예측'을 해온 시인의 직업을 바탕삼아 창작된 것이기에 독자들에게 공감을 불러일으킵니다.

아울러 주영국 시인이 직접 쓴 서평과 함께 각 지면에 발표된 '주영국론'을 게재했습니다. 특히 이 책의 6부에 실린 주영국 시인에 대한 추모 시와 산문은 살아생전에 그와 친분을 맺은 문인들이 쓴 것으로 그 애틋한 마음이 눈시울을 뜨겁게 합니다.

향년 61세로 너무나 짧은 생애를 살다가 우리 곁을 홀연히 떠나간 주영국 시인! 허나 그 누구보다도 삶과 문학을 일치시키고자 했던 그를 우리는 기억합니다. 시대를 읽는 눈이 시퍼렇게 살아 있던 시인, 가슴속 더운 비밀을 세상에 붉게 터뜨리고 싶었던 주영국 시인의 유고시집을 펴내면서, 그가 여전히 우리들 마음속에 살아 숨 쉬고 있음을 느낍니다.

2025년 10월
주영국 유고시집 간행위원회

| 차례 |

제2부

| 차례 |

제3부

제4부

제5부 산문

제6부 주영국 시인 추모 시와 산문

제7부 주영국론

제1부

날개의 중력

깃털 하나를 떨어트리고 간
새는 더 가벼워졌을까,
날개를 받은 지상의 생이
조금 더 무거워졌다.

어의도*

바다는 물의 숲이다. 쓰다 만
난중의 일기 두 권을 들고 섬에 들었다
섬에서 보면 육지는 조금 더 너른 섬

명량 이후 열두 개의 닻을 내린 곳
모질한 왕의 노여움을 산
장군의 심사가 나이 든 해송의
우듬지 어디에라도 있을 것 같은,
배수의 진을 치고 싸워도
승산 없는 싸움에서는 반드시 진다

신문도 오지 않는 섬에서 쓰다만
난중의 일기를 베고 잠이나 오지게 자다
방파제에 나가 들고나는 물때나 점치는 세월
곧은 낚시를 물의 숲에 던지면
육지에서의 맥없던 기억이 걸려 들었다

북쪽의 하늘로 비구름 지나는데
나라는 멀고 왕은 보이지 않는다.

* 전남 신안군 지도읍 어의리에 있는 섬으로 주영국 시인의 고향이다.

브로큰*

하늘을 팔 등분으로 나눈 적 있다
관측대에 그물을 치고 우리는
서쪽에서 들어오는 구름을 기다렸다

세상의 모든 서정은 상투적인
빗소리에서 시작되었다지만
정작 혁명가들의 마음을 흔든 건
두서없이 몰아치던 새벽의 비바람

상관없는 구름들이 무대에 오르고
늙은 여가수는 애수의 소야곡을 부른다
나는 기립박수도 없던 객석에 앉아
뒤뚱거리는 오리들의 후배위를 떠올렸다

목적 없이 가는 것도 나쁘지 않아
구름이 해를 보며 중얼거렸을 때,
바지를 내리던 그는 사라지고 없었다

구름은 인간계의 상상을 대신 만들어주지만

오리든 토끼든 산양이든 브로큰의 덫에 걸리면
모든 허상을 던져버리고 바둥거린다
솜사탕이 엉키는 것처럼 가끔은
절묘한 후배위가 그려질 때도 있다

우리는 브로큰, 팔 등분의 오 할을
관측표에 기록하고 일기도를 그리던
뜬구름 같은 3층의 예보관에게 브로큰

* 공군에서 사용하는 기상용어로 하늘을 8등분하여 구름의 양이 5~7할의
  상태를 말함.

구름 사내

구름에 눈 맞추려는 사람은 아직
어린 사람이다. 집을 나온 지
얼마 안 되는 사람이다
기상청의 예보대로라면 오전 11시에
층운이 어등산을 넘어와야 했다

사내는 전생에 물이었을까
자꾸만 구름과 눈을 맞추려고 한다
구름의 전생도 물
저수지가 있는 습지가 고향이다

도시로 나간 아이들은 일찍 어른이 된다
배우지 않았어도 패를 쥐는 법을 안다
구름이 가는 방향은 몰라도
패를 쥐고 돌리는 법을 안다
일기예보는 절대로 믿지 않는다

패를 쥘 줄 모르는 아직 어린 사내들만
옥상을 서성이며 산을 넘어오는 구름과

오전 11시에 눈을 맞추려고 애를 쓴다
가끔은 낮술에 취한 것처럼
어머니의 이름을 부르기도 한다.

사막에서 길을 묻다

사막에 달이 뜬다, 혜초의 경을 따라
서역으로 천축국전 져 나르는
쌍봉낙타 물혹의 능선을 타고
마른 빵처럼 달이 부풀어 오른다

생의 팔 할이 바람이라고 믿지 않아도
등압선 길을 따라 사막에는 모래바람 불고
서 있는 것들은 모두 풍장을 당해
횡으로 스러진 지 오래,
물수제비 뜰 조약돌 하나 보이지 않는다
눈을 비비며 길을 묻는 나에게 낙타는
막히면 돌아가라 한다, 흘려보낸 시간이나
새김질하며 어디로든 돌아, 가라고 한다
바람이 분다, 살아야겠다는 말은 이제
바람 없는 곳에나 쓰일 말이다

빈집의 물소리를 피해 이역의 길 밖으로
떠밀려온 사람들과 생의 시곗바늘을 거꾸로 돌리며,
마른 담배 나눠 피우고 있을 때,

달빛 아래 푸른 도마뱀이 이게 시간을 번
너희들의 죗값이라며 제 꼬리를 잘라주고 갔다

내게도 쌍봉의 물혹 돋으려는지
자꾸만 등이 가려워진다.

장마

비 내리네 칠월 장맛비
양철지붕 꿈의 경계를 두드리며
눅눅한 잠 더 깊이 녹아드는
비 내리네 칠월 장맛비
— 아무래도 물꼬를 터야겠구나
살아온 날들처럼 쭈글쭈글한
비옷을 걸쳐 입고 아버지,
칠월의 빗속으로 나가신다

어디든 막힌 데는 터 줘야 하는 법이다

그 법을 보이시며 아버지,
막혔던 도랑물 내려가듯 아버지
생의 막힌 숨 내리신다. 비 내리고
칠월 장맛비 가는 길 알고나 가는 건지
젖은 몸 굴려 앞의 지리도 모르는
물은 물대로 법은 법대로 흘러간다.

휩쓸려 함께 흘러갈 듯 아버지,

삽자루 같은 몸 곧추세우며 세상천지
제 갈 길 누가 미리 알고 가겠냐며
또 한 차례 칠월의 법(法)을 하신다.

남부 순환도로

태풍의 왼쪽 반원에 걸려
서창으로 가는 남부
순환도로에 비 내린다
그 비에 젖어가는 자잘한
세간살이 싣고 일점 오 톤
복사가 달려간다
쨍하고 해뜰 날을 부르며
송대관이 달려간다

빗속에 울먹이던 먼 남부
순환도로 바라보던, 아으
눅눅해진 이불을 말리고
대자리 걷어낼 햇살
쨍하고 햇살

내 다습한 생도 순환되었으면, 아으
서역으로 가는 쌍봉낙타
등에 걸린 오래된 유화처럼
서창으로 가는 남부

순환도로에 비 내린다
쨍하던 송대관의 목이 잠긴다.

오월의 잠

오월의 강에 물수제비 날리자
젖은 발을 말리던 새떼들 흐린 하늘에
발도장을 찍으며 우~ 하니 어디로 날아간다
날 때부터 영혼을 받지 못한 사람들이
뜻도 모르고 깔깔거리는 오후
강가의 꽃들만 이름이 무성하다

지리산에는 더 좋은 꽃이 피었다는데,
함께 올라갈 차편을 얻지 못했다
납작한 잔돌은 날리기에 더 좋아도
깎이고 닳은 들어주지 못할 사연이 더 많다

몇 번 강물을 튕기며 물수제비로 날아간 잔돌이
죽은 물고기처럼 바닥으로 가라앉는 동안
날아간 새들의 발자국이 지워지고
강을 건너지 못한 사람들의 말이 많아진다

지상에서 저들과 함께 닳은 발가락을 만지며
더 먼 강으로 흘러가고 싶어지는
지리산에서 온 편지를 오월의 잠으로 읽는다.

뿌리를 염하다

나무가 동으로 넘어져 있다
살던 집터의 뿌리째 세간 어지럽다
기상청 오전 아홉 시 일기도
새가슴 같은 등고선 만져 보면
큰바람은 서쪽에서 왔을 것이다

동쪽은 누구나 넘어지고 싶은 곳
염전에서 소금 한 되를 얻어와
물과 보리쌀 한 줌 쥐여 주며
죽은 나무에 염을 해 주었다

그때, 부르르 떠는 것이었다
죽어도 이대로는 갈 수 없다며
새순 하나를 틔우는 것이었는데
헐은 맨발의 뿌리에서부터
허연 소금꽃 피기 시작했다

해 뜨는 곳만 그리워한 죄
형벌은 참혹해도 소금꽃 지는 자리
동쪽의 가는 빛이라도 있어 좋았다.

백일홍 지는 아침

밤사이 비가 내렸던가,
이름을 감추고 숨어든 사내들이
젖은 베개를 말리는 아침
신문이 들어오지 않는 섬에도
바람으로 한 소식 들은
이런저런 꽃들이 피었다가 진다

혼인색의 물고기 비늘 같은
백일홍 꽃잎들이 도랑에 갇혀
파닥거리고 있을 때,
물비린내라도 맡은 것인지
검은 상복을 입은 고양이가
엎드려 꽃잎에 입질하고 있다

꽃이 핀다는 것은 가슴속
더운 비밀을 세상에 터뜨리는 일
자신의 꽃말은 몰라도
계절을 따라 피었다가 진다.

사월의 미각

꿈에 많이 먹었다
녹두전을 먹고 진달래 화전도 먹었다
잔치에 참석한 사람들은 모두
미각을 잃었다고 했다
주인은 혀를 자르는
검은 가위를 들고 있었다
집사가 따라주는 모주도
두 잔이나 얻어 마시고
취한 척하며 주인을 위한
노래를 따라불렀다 간지러운
노랫말이 우스웠으나
아무도 웃지 않았다

사실은 나만 미각을 숨기고 있었다.

십이월의 세한도

창을 열자 눈이 들어왔다
눈은 바람난 설국의 여자들처럼
맨살을 비비며 파고들더니, 곧
몇 방울의 물로 죽어버렸다
그래도 우리는 덜 아파서
단맛 하나 없는 마른 알약 몇 개로
세한의 통증을 견디고 있었다

채널을 돌릴 때마다 겨울나무에 앉아
우는 새소리는 듣기 힘든 방언이지만
공기는 무겁고 차가웠으며
언 나무들을 방에 들이고 싶어도
쏟아지는 눈을 이기겠다며
도끼를 들고 나타나는 사람도 없었다

그림에는 눈이 없어도 겨울이었다
우리가 죄짓지 않고도 순하게
벌을 서던 유배지의 저녁이 그리워질 때
풍영천 수완교 아래 돌배나무 두 그루

몇 필 광목 등짐을 지고 순장의
차례를 기다리는 것처럼 서 있다

모두가 눈에 밟히는 세한의 풍경이었다.

무렵

물오리들이 걀걀거리며
소망교회 십자가를 노는 저녁
나는 천변에 앉아 그가 물속으로
끌려가기 전을 기억하고 있다
아무도 상대해주지 않던 저녁
물 가까운 것들부터 물에 잠기고
산 그림자도 잠기며 어둑해지는 저녁
밤의 정령들이 하나, 둘 물가로 나와
낮에 들었던 누군가의 이름들을
젖은 물속에 풀어 놓는 저녁
달의 골짜기에서 술을 마시던
사람들이 마른 귀를 후비는 저녁
수제비 한 그릇에 삶은 감자 몇 알로
이른 저녁을 먹고 더 무서워지기 전
잠에 들어야 했던 섬의 기억
얼마를 더 날아야 발전소가 있는
강 건너 오래도록 따스한
불빛 아래로 갈 수 있을까
생각해 보는 저녁, 아득하여라

물오리들이 죽은 십자가를 끌고
기슭으로 돌아간 낮은 곳에서부터
하나, 둘 불이 켜지고
물속에도 만 개의 불이 켜진다.

비타포엠

해남에서 참깨를 털던 노시인이
시에 끌려다닌 반생을 들려주고
대전의 인디언 수니도 와서
안개 속으로 가버린 옛사랑의
노래를 불러 준다는데
나는 가지 못하고

가문 세상 여기저기
갈 지(之) 자로 울리다 끝내는
너덜겅 돌무리 맑게 적셔주는
유월 단비가 내리는 밤
나는 순라를 마치고

환자의 말씀이 경전이라는
어떤 시인의 시집을 읽고 있는데,
종편의 자막은 좌측으로 흘러간다
시의 행처럼 흘러간다.

44

밥 덜어주는 여자

함평 나비휴게소 어느 후미진 자리
곰삭은 내외가 밥을 먹고 있다
라면 한 그릇에 공깃밥 두 개
무안 어디서 양파라도 캐고 온 것인지
노란 단무지에 맵싸한
양파의 향이 배어 있다
여자는 새처럼 오늘
만원 더 받은 일당에 꿈이 부풀어
내일은 두 고랑만 더 캐자며
남자에게 밥을 덜어준다
남자가 여물 먹은 소처럼
밥을 새김질하는 동안에도
여자는 더, 더 북쪽으로
날아갈 준비가 되어있는데
남자의 울대에는 자꾸만
여자의 두 고랑 두 고랑이 걸린다
내일은 충청 이남으로
단비 내리겠다는 소식도 몰라
나비가 어깨에 앉았다 간지도 모르고

오후 2시의 환(還)

산에서 내려오자 길이 사라졌다
앞서가던 사람들의 어깨도 사라졌다
오후 2시, 지상의 시계와
생의 시계가 대략 일치하는 시간
늦은 점심을 먹은 사내들이 남은 시간을
쩝쩝거리며 담배에 불을 붙이는 시간

두 시간 대실에 2만 원
뜨거운 글씨로 호객을 하는 대성여관
간판을 바라보던 사내가 두 번째의
담배에 불을 붙인다
부싯돌만 있다면 누구나
불붙을 준비가 되어 있는 오후 2시

산에서 내려오자 길을 잃은 나는
대성여관 앞을 지나 다시 어디로든
방향을 잡고 가야 하지만,
배낭을 부리기에는 아직 이른 시간
돌아보면 다시 지워진다고 해도

오후 2시는 지리멸렬한 시간*이 아니다.

* 이용임의 시 「안개주의보」에서 인용.

이런 신발

의사당을 나서는 대통령을 향해
신발이 날아갔다 남루한 생의
바닥을 핥던 낡은 구두였으나
그는 지독스런 보수주의자였다

고향의 토굴에서 미군 중사에게
사로잡힌 후세인은 아버지 부시를
욕하며 침을 뱉기도 하였지만
아랍에서는 신발을 나의 바닥으로 읽는다
동상을 끌어 내린 바그다드 시민들이
후를 내리친 것도 낡은 슬리퍼였다

승전국의 대표연설을 하는 부시에게
이런 신발, 우리들의 굿바이 키스라며
구두를 날린 기자 알자이디는 맨발로
9개월이나 복역을 해야 했다

아무짝에도 쓸모없는 신발 한 짝씩 들고
목발처럼 걸어온 패국의 잔병들이

마이클 조던 농구화 아래 모여
새끼 양의 발톱을 깎아주고 있는
이런 신발, 신기루 같은 사막의 오후였다.

아버지의 낡은 구두

견고한 폭설의 벽이었다.
기세 좋은 춤사위였다
버스는 더듬거리며 망운을 지나고 있었다

거칠게 막아서는 벽을 지나며
버스는 맥없이 비틀거렸다
몇 번이나 후륜이 돌기도 했다
생의 전(前)을 기억하지도 못하면서
생전에 이런 눈은,
무지한 눈은 처음이라며 벽을 향해
중얼거리던 그가 운전대를 꺾었을 때
모든 상황이 종료되었다
벽 앞에서 모두 하차해야만 했다.

명이 짧은 아버지의 발자국을 따라
무안으로 가는 길은 설원
갇혔다 풀려나기를 몇 번이나 반복했다
직립의 의지가 마찰의 힘을
이기지 못하는 순간 아버지는 넘어졌다

몇 번이나 중심을 잃고,
다시 몇 번을 넘어지면서도
생의 바닥은 보지 말라고 했다

지워지거나 넘어지거나 모두 낡은 구두 탓이었다.

자벌레에게

자벌레 한 마리 돌돌 만
감잎사귀 집 한 채를 끌고
팔월의 염천 건너 어디로 가신다

낫을 내려놓고 팽나무 그늘 아래서
살려고 안간힘 쓰는 여러 것들에 대해
생각하다 냉수 한 사발이라도
건네주고 싶은 오후

낫으로 치며 지나온 풀밭의 잘린
풀들은 눈길 한번 주지 않는다.
소리 없는 소리를 지르며 저쪽 세상으로
아파도 아프지 못하고 가는 여러 것들

아직 사람의 반보도 가지 못한 자벌레에게
냉수 한 사발 건네주며, 언젠가
피안의 길목에서 다시 만나고 싶다.

모든 꽃 이름

꽃 이름 다시 쓰기로 했다

꽃도 지고
사람도 지고, 가파른
저녁의 별도 지고

피었다 지는 것이 어디
꽃뿐이랴

하루만 더 가지 끝
너랑 살고 싶어서
마음을 흔드는 모든
꽃의 이름은 백일홍

꽃 이름 다시 쓰기로 했다.

제2부

아프리카에서 온 죄목

서울 도심 왕십리에 산돼지가 내려왔다

사흘 전 엽사들과 눈을 마주친
동료들은 산에서 총살형을 당했다
아프리카 돼지 열병을 전파했다는
백지 공소장의 이해하기 힘든 죄목이었다
항소도 상고도 이들에게는
삼심제가 적용되지 않았는데,
죄가 더 많은 하늘을 향해 울먹이며
소리를 지르는 것 외에 저항할
다른 방법이 없었다. 아프리카 아, 프리카
들어본 적도 없는 낯선 대륙의 이름

죄목은 기소를 전담한 자들이 만들어 낸다
어떤 여교수는 검은 사람들에게 조사도 없이
기소를 당했다고 한다. 그녀의 죄목은
산돼지들이 받은 죄목보다 형편없고 우스웠다

왕십리에 내려온 그이도 결국에는 죽었다

죄가 있다면 청계 산밭의 고구마 몇 개
주인 몰래 캐먹은 정도인데 아프리카 아, 프리카
진짜로 그 죄목은 받아들이지 못하겠다며
고사목 끌텅에 갈던 어금니를 원통의
증좌로 남겨놓고 눈을 부릅뜬 채로
주황색 소방관의 총에 맞아 죽었다.

석곡 장례식장

텅 빈 주차장 모퉁이에 앉아
그가 길게 하품을 하고 있다
모두가 지리멸렬한 오후 두 시
정인과 곡성에서 잔치국수를 먹고
우리는 국수의 면발처럼 불어서
묽고 가늘게 살아도 좋다며
대실 세 번에 한 번이 무료라는
무인텔을 그냥 지나쳐 왔다

요즘은 왜 이리 죽는 사람이 없냐,
관도 팔고 수의도 팔고
염습이라도 해야 산 사람이라도
살 거 아니냐며 그가 마른 입술에 침을 바른다

큰바람 불던 지난 밤 너도 떨었겠구나,
담장 아래 익다 만 대추 두 알이
그냥 떨어지지는 않았을 텐데
모르는 이의 죽음은 부고가 아니듯
모르는 이의 조문은 받기에 또 민망하여

그는 이제부터 죽었다는 접두사를 달고
저세상에서 이곳을 견뎌야 한다

생대추 한 알을 따서 아드득 깨물 때
석곡 장례식장 텅 빈 주차장으로
상복을 입은 새들이 내려앉았다
우리는 국수처럼 가늘고 길게
살기 힘들겠다며 왔던 길로 차를 돌렸다.

사선 넘다

외신에 의하면 지구상의 어느 부족은
들쥐의 발톱을 별식으로 먹는다고 한다
날아다니는 것은 비행기
네 발 달린 것은 의자만 빼고
모두 먹는다는 식성. 들쥐의
엄지발톱은 부족장 차지라고 한다

좌클릭 한 번에 우클릭 두 번
가늠쇠와 가늠자의 영점을 맞추고
M16 사월의 사선으로 들어가던
훈련소 신병교육대 사격장
동심원의 표적지는 진달래였다
그의 꽃말을 생각하며 방아쇠를
당길 때마다 우수수 반경에 든 꽃들이
지는 이유도 모르고 쏟아졌다
봄 산에 불이 붙고 나서야 겨우
사선을 내려올 수 있었다

보이지 않는 상대와 싸울 때

감당해야 할 술시는 더 어둡지만
적부심 받는 환자처럼 마스크를 쓰고
들쥐의 발톱을 피해야 하는 시절
꽃들의 술래는 멀고, 우리는
아슬아슬 사선을 넘고 있다.

장흥 관산

분단의 경계선 아는지 모르는지
서역에서 날아온 한 줄기 바람
묶인 철책의 매듭을 흔들다 어디로 가는
귀 밝은 노루들의 잠이 어지럽다

장흥 관산에서 놀다 배속을 받은
청년 병사는 스물두 살
대학에서 정치학을 배웠다는 그는
자유주의며 사회주의 이론보다
증명서 없이도 남북을 왕래하는
바람이며 구름, 새들에 더 관심이 많다

평화협정이 맺어지면 백제 고구려 신라
삼국의 병사들이 모여 고누를 두던 자리
함께 웃다가도 방아쇠를 당기면
반자동으로 탄창을 나온 총알
서로를 향해 날아갈 것 같지만,
매복을 서던 어느 달 없는 밤
다가오는 어둠에게 군호를 물을 뻔했다

그날 밤의 군호는 통일로 묻고
대박으로 답을 해야 했다
첫사랑 애인의 날선 유두를 처음
만질 때처럼 방아쇠 울에서 검지가 머뭇거렸다
총구를 향해 오 촉 전구 같은 눈을 말똥거리다
다시 비무장지대로 들어가는 노루를 보며
누가 지켜주는지도 모르고 놀던
열두 살의 장흥 관산을 떠올렸다.

박관서

몽골에서 말 두 마리 빌려
톨강의 시원을 지나 들어갈 때
그는 더 북쪽으로 가자고 했다
수만 년도 전 밀의 따뜻한 씨앗을 찾아
짐승의 가죽 걸치고 내려왔던
더 먼 북방이 떠올랐던 것일까

삶은 산양의 허벅지를 핥으며
독한 보드카를 털어 넣으면서도
남쪽의 이야기는 하지 않았다
먼 산에서 양고기 냄새를 맡은
굶주린 늑대 울음소리 들려왔지만 끝내
남쪽의 시시한 이야기는 하지 않았다

몽골서는 양을 저쪽으로 보내줄 때
다시 이쪽으로 잘 찾아오라고
함께 살았던 집 눈에다 넣어 주는데,
아우우 아우우 꺼으윽 꺼으윽
관서가 창자로 늑대 울음 우는 것이었다

자정 지나 송정리에서 꿈의

여울로 가는 막 열차 기다리던 나주집

단술에 취하면 먼 나라 조르바처럼

울다가 웃다가 노래하다 춤추다

사랑이 무어냐고 물으신다면

눈물의 씨앗이라고 말해 주겠다며

세상의 모든 상스러움을 제껴 버리는

북방계 관서의 본이름은 관섭이다.

순경 하나

어머니가 넘어진 계단에 벽돌을 올리다
본 가을이 막 시작되는 하늘
일로에서 면회를 못하고 돌아온 오후였다

초코파이 몇 봉지 사식이나 넣어주고
큰어머니 사시는 이름만 고운 월산
아우가 심어놓은 가을배추 실하다

친구들과 노래방에서 다투다 벌금
얼마를 내지 못해 감옥소에 들었다는
사촌도 먼 아우의 소식을 전하며
잘났다는 형제들이 어째
순경 하나 아는 사람이 없냐며
어머니가 역정을 내신다

죄 하나 짓지 않았어도
어머니가 다리를 절룩이며
올라가는 계단이 하늘 아래 아득하다.

섬, 동백꽃 그늘 아래

난리가 나던 해,
살아서는 아무도 건너오지 못한
바다가 보이는 섬
동백꽃 그늘 아래
아픈 노모와 낡은 의자에 앉아

생목숨들 죽어가는
숭어 떼처럼 밀려와 갯벌에서
숨을 헐떡일 때 물 한 모금
먹여주지 못한 죄를
받는 것 같아서 날이
흐리면 더 아프구나

맥없이 잡혀가 죽은 사람이나
맥없이 툭,
떨어지는 동백꽃이나
지는 것은 같아도, 나는 쓰고
노모는 말을 이어간다

큰애야, 지금쯤이면
그쪽에도 동백꽃 피었것지야

사월의 절명시

사월의 절명은 바람이 아니라
폐가의 반송 우편함이라며
녹슨 편지를 쓰겠다는 시인은
노래도 없는 섬으로 들어갔다

무담시 그림자를 기다리며 노모와
꽃잎 기울어진 평상에 앉아 맥없이
툭, 툭, 지는 동백꽃 보고 있다
난리 때는 꽃보다 사람이 더 죽었어야,
떨어진 꽃은 한 살 더 먹고
돌아와 다시 피기도 하더라만
돌아간 그이는 돌아오지 않는구나
나야 살아서 꽃이라도 본다마는
이유도 모르고 죽은 그이들 돌아와
삼다수에 더운밥 한 그릇 말아
드시기 전에는 유월까지 꽃
피었다고 봄이라 부르지 마라

동백꽃 지고 새들도 우는 아침에는

나도 긴 잠을 자고 싶었다 따라가고
싶은 마음 천지연의 돌로 누르며
불국토 세존의 경을 따라 읽었다
나는 사월의 절명을 쓰지 못하고
저들이 우물에 벗어놓고 간 뱀의 허물을
떨어진 동백꽃으로 덮어주었다.

동백꽃 진다고

사월의 바람을 탓하지 말자
육지에서도 지고, 섬에서도 지고
피었다 지는 꽃이 어디 동백뿐이랴

아픈 현대사를 기억하는
떨어진 꽃 이름 모다 즈려 모아
어느 흙 자리엔들 써주고 싶어도
바람이 만근 백비를 흔들어
세우기 전에는 쓰지 않기로 했다
다른 꽃 이름의 조사도 쓰지 않기로 했다
날숨 멈춘 어머니의 마지막 피울음 같은
미친 바람은 육지에서 불어와
사상도 없는 섬의 혈까지 흔들었다
제 이름 잃어버린 꽃들은 모두
그해의 바람에 속절없이
죽어 나간 사람들의 이름

동박새 두 마리 떨어진 동백꽃 물고
날아와 그이의 이름을 쏘는 듯

구 구 구 구 백비를 울다가는 아침
장지를 잃어버린 아직 쓸쓸한 영혼들과
사월의 비가를 다시 듣는다.

새우잠

비로소 새우잠을 잘 때

물속에서나 물 밖에서나
살았거나 죽었거나
새우들의 처지가 이해된다

간수의 통문도 잊은 채 불편하고
억울해도 새우잠을 잘 때,
안아주지 않아도 등 뒤 누군가의
온기가 잠을 재촉하는
타관에서의 쓸쓸한 저녁

그립다고 하면 떨리고
잊자고 하면 죄를 짓는 것 같은

그 잠을 자던 시절이 있었다.

맹골수도 지나며

우리도 달떠서 밤배에 올라
유달산 아래 멀어져 가는 육지의
불빛들에 손 흔들어 주고
달떠서 바다의 내장이라도 보일 것 같은
섬과 섬 사이 거센 수로를 지나갈 때,
가만히 있다는
제자리에 아직 그대로 있다는
70년대식 순진한 묵음을 들었다

어느 해 사월이던가,
큰 배가 맥없이 빠져버린 곳
귀 울음으로만 물 밖의 소식을 듣는지
큰 바람에도 배는 입을 열지 않았다

생의 한 구비 같은 세월의 험로에서
사람들은 누워서 잠들지 못하고
남쪽으로 가는 배의 바닥을 들여다보듯
무릎을 안은 채로 두려움과
그리움의 얼룩으로 밤새 사무쳐 있다.

봉하 담쟁이

대구에서 취했다. 무례한 전화 한 통과
팔공산 줄기를 훑고 올라온
먹구름에서 진물처럼 뚝뚝 떨어지는
늦가을 빗방울이 더 취하게 했다
무례한 자들은 무시로 심약한 새들의
날개를 꺾으려 든다. 영혼이 상해버린 새들이
납덩이의 무게로 뛰어
내릴 수도 있는 위험한 신호다
조수석에 앉아 봉하로 내려가는 길
우리가 건너고 싶던, 뛰어 넘고 싶던
강과 벽에 대해 말하기도 했지만, 그뿐이었다
우리는 물러가라, 구호 하나도 내지르지 못하는
무력한 울대에 술잔이나 털어 넣으며
이 정도면 그래도 괜찮은 것 아니냐며
수음의 끝처럼 무너져버리면 그뿐이었다
저것은 벽*
모두가 어찌해볼 수 없는 벽이라며
물러서자고 할 때, 담쟁이는
서두르지 않고 말없이 벽을 타고 오른다

꼭 여럿이서 함께 손을 잡고 오른다

결국 그 벽을 넘는다. 담쟁이가 되려고 했던

바보 사내의 유품을 둘러보다 벽을 타고

함께 오르는 수천의 담쟁이 넝쿨을 보았다

무례한 자들의 복음에 맞서며 나도

수천의 담쟁이 넝쿨과 어깨를 걸고 동무를 하며

견고한 벽을 향해 한 뼘을 더 기어 올랐다.

* 도종환의 시 「담쟁이」에서 인용.

골령골 진달래

우리가 검은 비석의 문(文)을 읽으며
믿어지지 않는 글자들을 해독하며
몇 번이나 눈을 비비는 동안
교회의 첨탑에 이름 모를 새
두 마리 한참이나 앉았다 갔다

대통령이 한강을 내려와
남으로 도망치던 어느 해 칠월
칠천 명을 죽여 묻었다는 산내리 골령골

세상에서 가장 긴 무덤이라고
어느 시인이 울며 작명을 했다는데,
나는 다시 어느 시인의 시구를 빌려
진달래도 피면 무엇하리

해마다 제자리에서 피었을
선홍색 진달래 몇 송이 훑어 세상에서
가장 긴 무덤에 화주로 따라 올리다
진짜로 살고 싶어서 총구를 올려다보던

그이의 넋 해원되기 전에는

진달래 피어도 봄을

말하지 않기로 했다.

풀 무덤

무덤이 만들어졌다
할머니의 다순 고봉밥 아래
무덤 하나는 또 그렇게 만들어졌다
이유도 모르고 잘린 풀들의
아직은 푸른 무덤이었다

예초기 날 아래 죄 없는 풀들이
죽어 두서없이 날아가는 것처럼
나도 팔월의 가해자여서
운동장에서도 죽고, 막다른 골목에서도 죽고
그해 시월의 남쪽 군사들은 왜
방아쇠울에 굽은 검지를 걸고 애먼
풀들을 향해 마구 갈겨댔던 것일까,

그때부터 순천만 서쪽은 더 붉어지고
서걱대던 갈대의 노래는 더 깊어지고
여순의 모든 지명에서는
누른 화약 냄새가 났다

연고가 말라버린 풀 무덤을 향해
갈지자로 걸어간 사람들의 부리에는
묘시에 할머니의 지성을 드신
멧새의 솜털이 묻어 있었다

다잡은 손을 적시며 멧새
두 마리 날아오른 푸른 저녁이었다.

용아 고봉의 별무리 광산(光山)

― (사)광주평화포럼 1주년을 축하하며

광산은 빛고을의 또 다른 이름이라,
동쪽으로 무등산 서쪽으로는 어등산이
흔들리며 내려가는 황룡의 강물을 잡아주고 있다
잠시 푸른 날개를 접고 황새봉에 앉아
서역으로 지는 노을 바라보고 있노라면
제 아름다운 모습에 먼저 취한 붉은 낙조가
송산에 떨어져 자진하기를 주저하는데,
어등의 지명을 따라 금빛 잉어가 튀어 오른다

나두야 간다 나의 이 젊은 나이를
눈물로야 보낼거냐, 나두야 가련다
황룡강의 어디메 포구에서 죽은 나라를 떠나는
스물일곱의 용아가 노래로 돌아오는 저녁,
영하의 허연 입김을 토해내며
팔레스타인에서 온 청년들이 주점을 나설 때
문예회관 앞 소녀상에 목도리가 둘러진다

역사를 잊은 민족에게 미래가 없다는 말도
어둠이 빛을 이길 수 없다는 말도 누군가의

상처를 보듬어 주기 전에는 모두 소용없는 말
아파본 사람만이 다른 이의 상처를 쓸어줄 수 있으리
일제 군인들을 먹이던 을사년의 정미소 자리에
해방되어도 소식 없던 소년 만순이 돌아와
평화 인권의 지난한 이야기를 들려주고 있다

말을 타고 온 도처의 사내들은 누구나
하마비 앞에 내려 납색 옷깃을 여며다오
만순이 고단한 어깨를 안아 동무를 맺어다오
애민과 대동세상의 글자 하나라도 깨우치고 가다오
비아면 산월리 월봉서원 오동나무에 눈썹달 걸리자,
동서를 내왕하던 사단과 칠정의 빛나는 언어들이
용아 고봉의 별무리로 광산 하늘에 떠오른다.

독전기(旗)
― 조태일 추모시

술 식기 전에 돌아오겠다며
독전기를 메고 유신의 적진으로
뚜벅뚜벅 걸어 들어간 사내였다
우리가 더는 싸움을 주저하고 있을 때
이길 수 있다며 쓰러트릴 수 있다며
팔매를 들고 어깨에 동무를 쳐주던
사내들, 몇 더 있었는데

시인이 살아서는 어찌 살아야 하고
죽어서는 또 어떤 평가를 받아야
하느냐고 묻던 시 쓰는 젊은 친구에게
남주나 죽형처럼은 살지 말라고 했다
그러나 그들처럼 살아야 하고
그들처럼 싸워야 하고 그들처럼
사랑하다 가야 한다고 말해 주고 싶었다
평가는 다른 누군가의 몫이었다

남광주시장 어느 국밥집에서
누군가의 술잔이 식어 가고 있다

그가 돌아오지 않았어도 우리는
함께 싸우던 시절을 즐겁게 회상하며
따뜻한 술 돌려 마시고 있는데,
적장의 머리통을 들고 돌아와 독전기 내려놓고
아직 식지 않은 술 벌컥벌컥 들이켜며
무용담을 들려줄 것 같은 조선의
사내 하나가 우리는 지금도 그리운 것이다.

다시, 평전
— 전태일 기림시

반드시 이겨야 할 싸움에서 지고
돌아와 찬물에 코피를 씻을 때
뒤따라오던 애기별 긴 밤의 동지처럼
함께 찬 우물가를 지켜주었다
어머니도 모르는 새벽이었다

저것은 바위라고, 저것은 벽이라고
수군거리며 누구라도 머뭇거릴 때
가장 먼저 팔매를 던지는 사람
나보다 먼저 벽을 기어오르는 사람
비겁해지고 약해지는 사람들의
앞에는 언제나 그를, 읽은 사람들이었다

팔천 자 땅속 암장의 불강을 나와
거칠게 반신상의 부조가 된 사내
사법고시를 한 친구 하나만 있어도 그때
불 속으로 걸어가지 않았을 사내
미싱의 쇠바늘 모르는 모든 헌화는 가짜다
자본에서 인화된 모든 사진도 가짜다

이백 일 넘도록 허공에 매달려 있는
자본가의 거미줄에 잡혀 있는
해고 노동자 한 사람을 어쩌지 못하고
그곳에서 죽기라도 기다리며 우는
사람이 먼저라던 자본가의 지도자

천 번 지고도 한 번 더 싸우겠다며
다시 마음을 다지던 새벽처럼
어머니가 말없이 건네주던 무명 수건에
말라붙은 코피를 닦던 시절의 기억
희미해졌다면 다시 그를, 읽어야 하리

현의 노래
— 김현 추모시

모두가 흘러가는 것들이라서
나는 쓰지 않아도
볼 수 있고 들을 수 있네
얼룩 지워진 눈 아래 강이 있다고
마른 강이 있다고
그대 울지 않아도, 울지 않아도
나는 강을 읽을 수 있네
잠긴 물소리 불러내 다시
다섯 줄 현을 켤 수 있다네

그대 두고 간 다섯 수레의
책에 비가 내리면, 비가 내리면
젖어가며 쓸쓸해도 그대
마침표 없이 가버린 자리
빗방울 그린 악보를 따라
갈바람 시월의 노래 부르네
우리도 가서 함께 부를 노래
서걱이는 구진포 갈대의 노래
다섯 줄 현으로 들어 주시게

최용덕*
― 독립운동가 기림시

대한제국 광무 2년 9월 모일, 아이는
이름을 받기도 전 하늘을 보았다
원봉이 나고 브레히트가 나고 저우언라이(周恩來)가
나고 봉암이 태어난 무술년이었다
허명의 황제는 더 이상 지존이 아니어서
무시로 적운 피고 뇌성이 일었다
소년은 마당처럼 하늘을 달리고 싶었다

을사년이었던가, 늑약이 체결되자
오적은 장화를 신고 왜국의 금옷을 입었다
하얼빈에서 이토를 쏘아버린 중근이 잡혀서 죽고
경술년에 왜국과 합병이 이루어졌다
빼앗긴 하늘에도 무지개는 뜨는가,
오적은 더 긴 장화를 신고 금옷의 망토를 펄럭였다

의분의 청년들이 하나 둘 서북의 강 건널 때
소년 용덕도 강 건너가 망명의 객이 되었는데
빼앗기지 않은 조선 나이로 열다섯 살이었다
군관학교를 졸업하고 육군의 간부가 되고

의열단에 들어가 상해 봉천 안동에서
매없이 빼앗겨버린 제국의 독립운동을 했다
동갑내기 원봉도 그곳에서 만났다

세계의 첫 대전에서 용자는 단연 비행기였다
전쟁의 승패가 하늘에서 갈릴 것을 예감한 청년은
공군 군관학교를 졸업하고 지휘부 참모장
기지 사령관에 이어 학교장을 지냈다
임시정부에서는 항공건설위원회 주임과 광복군
총사령부 참모장으로 광복의 날개를 벼렸다
청년 용덕은 항공의 힘으로 독립을 이루고자
성층권 너머를 꿈꾸는 망국의 독수리였다

왜국이 망하고 돌아온 용덕에게
미군정은 아무것도 인정해주지 않았다
다시 조선경비대 보병학교에 들어가
지천명의 나이에 육군 소위가 되었다

공군이 육군에서 벗어난 이듬해

되찾은 나라에 모진 난리가 났다
연락기 몇 대로는 힘겨운 싸움이었다
송호리 철교를 끊어내고 해인사 팔만의 장경을
지켜낸 것도 장군이 지휘하는 공군이었으나
무지개 오르던 하늘에는 분단의 선이 그어졌다

하늘을 달리는 우리 꿈을 보아라
하늘을 지키는 우리 힘을 믿으라
죽어도 또 죽어도 겨레와 나라
가슴속 끓는 피를 저 하늘에 뿌린다
하늘은 우리의 일터요 싸움터
하늘은 우리의 고향이요 또 무덤
살아도 되살아도 정의와 자유
넋이야 있고 없고 저 하늘을 지킨다

장군이 짓고, 군복을 벗고서도 아침저녁으로
불렀다는 공군가에 결의와 염원 모두가 담겨 있다
장군에게는 죽어도 또 죽어도
살아도 되살아도 독립된 조국의

자유롭고 정의로운 하늘뿐이었으니,

하늘에 뼈 묻을 사내들도 그를 따라

보라매 날리며 공군가를 부른다.

* 최용덕(1898~1969) 중국 육군군관학교 졸업 후 중국군 공군에서 교관,
수상비행대장 참모장, 공군기지 사령관 등 역임. 1922년 의열단에 참여,
김상옥 의거에 무기 등을 지원. 1932년 조선혁명당 중앙위원, 1940년 한
국광복군 총사령부 총무처장, 1943년 한국독립당 중앙감찰위원으로 활
동. 1945년 해방 때까지 총사령부 참모처장(참장)으로 항일투쟁에 복무.
1962년 정부로부터 건국훈장 독립장 수훈.

제3부

효자손

우리가 횡대로 서서 두 번의 절을 하고
새처럼 음복주를 마시며, 칠산바다 바라보며
물때를 말하는 동안 어머니는 말없이
갈퀴손을 만들어 아버지를 빗어 내렸다

아버지는 밤마다 등이 가렵다고 했다
어머니의 갈퀴손이 지나는 골짜기마다
손 닿지 않던 가려운 생의 내력들이
시원타, 시원하다 수런거리며 들썩였다
가끔은 비좁은 방안에 꽃이 피기도 했다
당신들이 물처럼 만나 살아오고, 살아갈 날을
이야기하며 소금 꽃을 피우는 동안
잠에서 깬 우리는 칠산바다의 물이
빠지는지, 오르는지 물때를 가늠하며
미끈미끈한 잠의 갯벌을 서성였다

김밥 두 줄을 싸 들고 간 어느 소풍지에서
동생이 사온 다섯 마디 굽은 효자손
어머니의 갈퀴손을 빌리지 않고도

시원타, 시원하다 효자손이 가려운 등을 긁어주던
그해 가을부터 칠산바다에서는
마파람이 불어왔다, 역풍이었다
마을 사람들과 풍어제를 올리기도 했지만
아버지는 끝내 순풍에 돛을 달지 못했다

물때가 들물로 바뀌자 끼룩,
끼룩거리며 남국의 새떼들이 날아왔다
어머니가 긁어주는 갈퀴손을 따라
가려운 내 생의 골짜기가 펴지고 있다.

아버지의 푸른 무덤

가위질 몇 번에 귀 나간 쪽거울을 보며
이발을 마친 아버지가 휘파람 불었다
가르마 넘기던 아버지는 이발사였다
가위 하나만 있으면 팔도를
주유하며 살아갈 자신 있다고 했다
나는 또 주전자를 들고 양조장으로 가야 했다
그날은 저녁상에서 아버지를 마주하지 못했다

오늘은 현금 내일은 외상
숙제를 하다 말고 남원집 대문 앞을 서성거렸다
아버지는 지전 한 장 없이도 술에 취하는
법을 알고 있었기에 오늘이 외상이라며
거꾸로 읽었을 것이다
기다려도 아버지는 나오지 않고
비 내리는 호남선이 분내에 섞여 흘러나왔다

흔들려도 넘어지지만 마라던 아버지는 끝내
호남선이 끝나는 어디쯤에서 넘어졌다
넘어진 자리에 푸른 머리 돋았으나

더 이상 쪽거울 찾지 않았다
가르마 넘기며 휘파람 불지 않았다

가업을 잇지 못한 아들이 직계의 인연으로
서툴게 머리를 깎고 있다
외상술 아직 끊지 못했는지
이발을 마친 아버지의 푸른 머리 위로
음복의 술 몇 잔이 천천히 스며든다.

싸묵 싸묵 먹어라

아가, 싸묵싸묵 좀 먹어라
그러다 영치것다
누가 뺏어 먹을 사람도 없는디
먼 밥을 일꾼 밥먹데끼
허천나게 먹는다냐

엄니, 그러게나 말이요
저 놈은 저 급헌 성질 땜시
커서 고생깨나 할 것 같소야
아범아, 쟈가 그 성질 누구한티 받었것냐
느그 아부지의 아부지,
고 고조 할배 한티서 내려온
집안의 내력 아니것냐

시상 변해서 이런 말도 헌다만은
느그 아부지가 죽은 것도
그 때문 아니것냐
머덜라고 칼찬 일본 순사놈 헌티

바락바락 대들 것이냐 말이여
속 시연타고 허는 사람도 있드라마는
그러다가 홧병에 걸려
해방도 못 보고 죽은 거 아녀
아범아, 느그 아부지의 내력 새겨 들어라

할매, 그 말뜻 이제사 알것소
찬물 먹드라도 뜨건 물 먹데끼
훅훅 불어감시로 싸묵싸묵 먹으라는
그 말뜻을 이제사,
찬물 급하게 먹다 영처봉께 알것소.

거미

그는 허공의 집에 산다
집은 촘촘하고 견고하다
지상에 기둥 하나 세우지 않고도
모든 인력과 중력을 견뎌낸다

그는 타고난 기상예보자다
샛강의 바람 냄새만으로도
다음 날의 안개를 알 수 있다, 비린
남동풍으로 비를 예측하는 것은 쉬운 일이다
지름을 초과하는 빗방울이라도 감지되면
느슨해진 집을 긴장의 실로 감아주면 된다.

그는 대체로 탐욕스럽지만
가벼운 것은 버릴 줄도 안다
세상도 받아주지 않을 잡것들은
잡실로 돌돌 말아 던져버리면 그만이다
가난하고 가벼운 것들은 대개
난 자리와 든 자리가 대부분 같다

집에 날개가 걸린 잠자리 앞에서
악어의 눈물을 흘릴 줄도 아는
포식자는 함부로 성호를 긋지 않는다
날개를 가졌다고 모두 자유로운 것이 아니다.

어떤 날의 일기

자꾸만 꿈과 혼동하지 마라

부디 살아서만 이 겨울 강을 건너자
세상을 무모하게 살려는 자는
반드시 대가를 치르게 된다
나는, 그 대가를 치르고 있다

함민복의 시집
『모든 경계에는 꽃이 핀다』를 산 날이다

나는 지금 경계에 서 있다.

우리 할매

낫 놓고 기역자도 모르는
할매, 우리 할매
낫처럼 휘어진 등을 구부려
손지놈 씨알같이 옹차게 여문
메주콩 노란 콩대를 뽑으시네

열아홉 족두리에 꽃가마 타고
황토먼지 분분한 남도 삼백 리
나주 지나 무안 지나
칠산 바다 송이섬
각시섬 낙월섬 포작섬 지나

어이없이 어이섬에 치마를 내린
할매, 우리 할매
낫 놓고 기역자도 모르는
낫처럼 휘어진 우리 할매.

정착

우리가 어딘들 서지 못하랴.
해 지고 달 지는 그늘 아래 어디라도
한 하늘 아래
한 땅이라
우리가 어딘들 서지 못하랴

우리가 어디에 선들
미더운 하늘과
너그러운 대지의
그 어디쯤일 것인데
우리가 어딘들 서지 못하랴

바람이 불어도
아직은 사람 사는 세상이라
사랑 하나와 그리움 하나는
세상 어디에도 있으리니
삶의 어느 자락인들
희망의 꽃씨를 심어 놓고
해바라기 발돋움으로 살아갈 수만 있다면

우리가 어딘들 서서
바르게 뿌리를 내리지 못하랴.

아이들의 아침

포시시 눈을 틔운 새 나라의 아이들이
밤새 얼마를 자랐는지 문틈에 그려놓은
키재기로 달려가 발꿈치 들어올려
오종종 키를 높이듯 또 시작하는
하루의 희망을 세워본다.

커튼을 걷어내면 아침햇살 우르르
은색의 유리창 디딤 발로 넘어 들어와
군자란 관음죽 푸른 어깨를 토닥이며
동방의 이역에서 날라 온
희망의 은빛살 골고루 나누어준다.

뚝배기 보글보글 아침을 만드는 사이
— 새 나라의 어린이는 일찍 일어납니다
아내가 제 어릴 적 새 나라의 동요를 부르며
백설공주 일곱 난쟁이와 동화 속의
밤을 지낸 아이들의 잠을 깨우자,

포시시 눈을 틔운 새 나라의 아이들이

밤새 얼마를 자랐는지 문틀에 그려놓은
키재기로 달려가 발꿈치 들어올려
오종종 키를 높이듯 또 시작하는
하루의 희망을 세워본다.

꿈~ 틀
발꿈치 아래로 비둘기 가슴만한
아이들의 희망이 들어 올려진다.

여름 밤

집 나간 도둑고양이
배 다른 아이들을 데리고 와
무화과나무 아래서
생선가시를 헤집는 사이
잎사귀 얇게 흔들렸다

나이 사십에
홀로 된 늙은 어머니와
마늘씨 벗기는 이른 여름 밤

검은머리 파뿌리 되도록
행복을 다짐시키던
젊은 아버지는 액자에 담겨
세월갔는지도 모르고
무에 그리 좋은지 사람 좋은
웃음만 웃고 계신다.

거미의 빈집

창문 밖으로 검은 새가
낮게 날아갔다. 맑은 오후였다
아니, 흐린 오후였을 것이다
거래처를 옮긴 이후
일기에 관심 없는 날이 많아졌다
혼자서 먹는 도시락은 쓸쓸한데,
정오의 AM라디오에서는
하나마나한 소식이 대부분이다
그녀는 전달자일 뿐이다
새로운 소식에 늘 목이 마르지만
전달자의 역할로 대부분 끝이 난다
광한루의 축제가 끝나던 무렵
불과 꽃이 죽은 것도 아닌데,
그녀의 목소리는 떨리지 않는다
내장산의 단풍은 이번 주가 절정이라고 한다
자전거를 타고 집을 향해 달리던 오후
절렁절렁 빈 소리를 내며
함께 달리던 양은 도시락처럼
밥알의 기운이 사라진 허공의 집 하나가
하늬바람에 낭창거린다.

우는 개보다 못한

대주아파트 앞 포신 같은 전봇대 아래
젖은 개 한 마리 울고 있다
비 내리는 난층운 아래 울고 있다.
툭, 툭 바람이 울음을 끊고 지나간다

빗장 풀린 남동의 바람을 몰고
내륙의 엎드린 풀들을 종대로 세우며
무이파*가 흑산을 지나는 중이다

신호는 황색 점멸등, 멈추어도 그만
지나도 그만의 뜻이라 누구에게도
사고의 책임은 물을 수 없다

싸움 끝에 우는 아이를 베란다
밖으로 던져버리는 사람들과
호형호제를 하며 누군가를 비방하고
또 함께 삼겹살을 구우며 살아가면 그뿐,
죄의식이야 있어도 그만 없어도 그만
울다와 짖다의 구분도 없이

하여가**를 부르는 사람들

황색 점멸등을 지날 때마다

울대를 열며 달려드는 우는 개보다 못한.

* 무이파: '서양 자두꽃'을 뜻하는 태풍의 이름.

** 하여가: 태종 이방원이 고려의 충신 정몽주를 회유하며 지은 시조.

한치의 발

이생의 검은 접시 위에서
한치가 발을 오므리고 있다
잘린 한치의 발은 희고 묽다
가짜 미끼를 물기 전까지만 해도
펄에 닿아본 적이 없는 그의 발
물은 하루에 두 번 바뀌고
갯벌은 두 번 물의 옷을 입는다
물때를 몰라도 우리는 자유로웠으며
날개 없이도 바다를 날아다녔다
한 치 앞이 보이지 않을 정도로
사리의 물이 흐렸다는 것은 변명이다
발이 짧은 것은 내력이지만
그래도 말을 길게 하지는 않았다
길어야 엄지손가락 두 마디 정도라는
한치의 흰 발에 붉은 초장을 찍으며
후회도 없이 잔에 소주를 따른다
포구에 다시 물이 오르는 동안
구둣발에 채이던 발이 오므라들고
내 두 번째의 이력이 묽게 지워진다.

제4부

능소화

능소화 핀 돌담의 꽃 그림자를 본 적이 있다
꽃보다 더 길게 발자국을 기다리는
오후의 누이
병색이 짙어간다

칠월

눈으로 내리고 싶었다
그대가 걸어온 길 덮어주고 싶었다
버스에서 내려 두 개의 건널목을 지나
스며드는 비에 그냥 젖어
내리는 비에 그냥 젖어 속살로
스며드는 물에 내치지는 못한 채
걸어오는 동안 나는 하지감자를 앉히고
불을 때며 너를 기다리고 있었다
언젠가 읽었던 쓸쓸한 주간지처럼
눈은 금방이라도 그쳤지만
너를 천지간의 이불로 덮어주고 싶었다.

통영

말씀을 듣다가 조는 것처럼
미륵산에 걸려 층운 한 덩어리 끌고 있다
서호시장에서 시락해장국을 먹고
중앙시장에서 꿀빵을 샀다
꿀떡은 꿀떡 삼키면 된다지만
꿀빵은 어떻게 목을 넘기나
피랑은 가파른 언덕이라는 뜻
이곳에는 동피랑 서피랑 디피랑
넘어야 할 언덕이 많다
만조 때의 초고 수심 15미터라는
해저터널에서 쏟아지고 싶어하는 바다
물소리의 지옥을 들었다
하루에 열 번씩 은유를 만들라던 시인은
믿기지 않는다고 했다 그날의
노동은 제국의 시민이었나, 식민이었나
물의 중심은 언제나 아래에 있고
꿈은 늘 미륵의 곁에 있다 피랑을 넘어
더 높은 피안으로 가고 싶어 한다
힘겹게 지천명을 건너면 문득 갱년이듯이

자력으로라도 갱신하고 싶은 날들 많았다
도무지 바다 같지는 않은 수평의 윤슬들이
올라가는 기류의 등에 올라
한 말씀 들으러 간다.

305동 904호 여자

올크리닝 세탁소 아주머니가 그랬다
4라인 앞에서 울고 있는 아이들을 보면
남의 일 같지가 않다고
가을 되면 입는다고 세탁을 맡긴
분홍색 블라우스도 아직
찾아가지 않고 걸려 있는데,
그렇게 억지로 서둘러서 갈 게 뭐람
9는 사람들이 지어낸 가장 큰 숫자였고,
9층은 그녀가 살았던 지상에서
가장 높은 고도였다

아직도 4라인 앞에서 울고 있는
아이들은 엄마가 왜 갑자기
9층에서 날아 내리는
새가 되고 싶었는지를 모른다
피 묻은 날개 죽지 하나가 이리저리
날아다니고 있다
땅만 보며 걷던 여자
땅속으로 날아 들어갔네

그녀는 이제 올크리닝이 되었을까,
되어버린 것일까.

풍영천

대낮의 물소가 아이들을 끌고 들어갔다
마지막 물을 들이키고
마지막 숨을 내쉬며 아이가
지상에서 마지막으로 감기는
눈에 담은 것은 무엇이었을까
소(沼)에서 오리 두 마리가 자맥질을 하고 있다
아이들이 잡혀간
풍경이 무섭다
천국의 벽화는 저 세상의
사람들이 마지막 눈에 담아온
풍경으로 그려진다
그래서 대부분이 병실의 풍경이지만
가끔은 이렇게 개울이나
물이 그려지기도 한다
왔다가 간 곳은 거쳐 간 벽화의 한 조각이었다.

필사의 시간

잠베지의 강 하류에서
누* 뒷다리 복숭아뼈를 물고
카이만**이 자꾸만 물속으로 들어가자고 한다
누는 싫다고 몸서리를 치며
나무 그늘 아래 모여
필사의 시간을 시청하고 있는
친구들에게 가려고 한다
싱겁게 승부가 나버릴 것 같은
아프리카의 지리멸렬한 오후 두 시
나는 동물의 시간을 보며
김성호의 시를 필사하고 있다
빗방울이 떨어져 마침표를 찍는다
뭍으로 가지 못한 행로가
눈을 감는다

*   아프리카를 대표하는 초식동물, 아프리카 초원소.
** 아마존 지역에 서식하는 악어의 종류.

상극

물의 단면을 자르자
달의 분화구가 쏟아졌다
물고기와 불고기는 음소 하나 차이로
소리가 달라진다
불은 물로 끌 수 있어도
물은 불로 다만 끓일 수 있다
퍼덕거리는 생선 몇 마리가
끓는 물속에서 조용해졌다
죽음에 대해 골똘해지면서부터
불필요한 관념은 시작된다
물론 관념이 전부 쓸모가 없는 것은 아니다
생과 사를 집전하던 추장도
얼마 전 삶아져 멧돼지 밥이 되었다며
마지막 날숨을 가볍게 던져버렸다
야자나무가 떨리는 것을 본 사람은 아무도 없었다
새롭게 선출된 추장이 다만 그의 주검을
부족의 방식대로 처리했을 뿐이다

11월

잠에서 깨자 종점이었다
소지품을 챙겨서 나가라는 목소리의
여자는 그동안 하나도 변한 것이 없다
미아리에서 난영을 부르며
자꾸 생을 토하고 싶어하던
그를 잊지 못하겠다
그녀일지도 모르겠는 낯선 새벽이었다
철로에는 새가 죽어 있었다
검은 고양이가 새의
날개를 뜯어먹고 있었다
안개가 바다냄새 나는 안개가
목덜미를 핥으려고 하자
코트 깃을 세우는 11월이었다
해안로 11번 길로 방향을 잡아
걸어가고 있는 나도 11월이었다
막장이라고 쓰고 검은 물속으로 들어가던
물소의 어깨가 들썩였다
배수진에서의 수는 살거나 죽거나
돌아가는 길이 없어 칼을 맞고
누우면 물소리가 생을 데려간다.

희망 고문

어항에 갇혀 자유롭게
자맥질하며 놀고 있는 금붕어
두 마리를 깊이 바라보던
두 살 아이가 자꾸만 말을 걸려고 한다
엄마 아빠는 어디 가쩌?
자음도 모음도 모르는 아이가
붕어처럼 입을 오므리며
말을 섞으려고 한다. 아이야,
붕어에게 자유라는 말은
가르쳐 주지 말아라
그 말을 배우면 금붕어는
잠자리가 되는 꿈을
꾸려고 할 것이다.
꿈도 희망도 어지간해야지
너무 크면 고통이란다. 아이야

새 한 마리

회색 광목천을 찢으며
새 한마리가 날아가고 있었다
비가 올 것 같지 않은 오후였으나
일기예보에서는 중반 이후
서남부 지역부터 비가 시작되겠다고 했다
난층운은 아직 멀었다

새들의 날개를 물기로 파고들
라디오의 채널을 돌리며 먹다 남은
신 포도알을 만지작거렸다

악어

저 그림쯤에서 꼭 악어가 나타나더라
치타는 악어고기의 맛을 알아버렸다
악어도 생식을 하다니
생식기가 달려 있는 대부분의 동물은
먹이를 익혀 먹지 않는다
그래야 번식을 하지
목덜미를 잡힌 악어가 몸부림친다
어제 강을 건너던 누 한 마리를 해체해버린
턱이 허공을 향해 울부짖는다
위에서 삭아버린 누의
한숨 소리가 흘러나온다

이스탄불에서 이불

요단강 건너서 가는 누이를
잠재워 준 것도 이불이었다
마지막으로 안아준 것도 이불이었다
언제 깨어날지 모르는 잠을
함께 해준 것도 이불이었다
잠길을 따라가 준 것도 이불이었다
전쟁기념관에서 본 사진에서
지게에 지고 간 것도 이불이었다.

별

별을 믿지 않았다 하늘에서
쏟아지는 어떤 잠언에도
밑줄을 긋지 않았다
초저녁 밥 한 술 뜨시다 말고 끌려가
총에 맞아 죽은 사람들이
마지막으로 마지막을 떠올리며
찌그러진 세숫대야 같은
덜 찬 달과 그 곁을 맴도는
새끼별들 올려다보며
아이들의 이름을 불러본다
밤 11시에 편의점에서
아이에게 아이스크림 하나를 물려준 사내는
소주 2병과 새우깡 한 봉지를 산다
별이 없는 스타 아이스크림
새우가 없는 새우깡
그래도 소주 몇 잔에 단꿈을 꾸는 남자들
천정에 별을 그리며
면허도 없이 우주로 가는
별나라 꿈을 꾸는 사람들

꽃 지는 이유

어찌 태어난지도 모르는 아이가
꽃 지는 이유를 물어올 때, 차마
사람의 죽음 같은 것이라고
예를 들어 말해주지 못했다
은유가 제법 멋져 보이기는 해도
애써 피해야 할 대상이 있다
꽃에게로 다가갈 때
성큼 다가가 꽃술에 입을 대기보다
한 발짝 에둘러 돌아가
꽃의 배후를 읽어낼 때
꽃의 뒤안이 더 환해지기도 한다
홍도의 비렁길에 핀
서녘 바다를 노랗게 물들이고 있는
원추리꽃에 다가가
피어난 이유를 물어보고 싶었다
지는 이유도 궁금했지만
피어난 까닭부터 물어보고 싶었다

제5부

산문

박봉우 시의 현실주의적 특성 연구

　1950년대는 6 · 25전쟁으로 인한 남북 분단의 고착화와 정치 · 경제적 침체에 따른 제반 사회의 모순들이 배태된 시기이자, 문학사적으로는 현대문학의 새로운 기틀이 마련된 시기라고 할 수 있다. 민족 분단의 현실을 뼈저리게 절감하도록 해준 역사적 비극, 6 · 25전쟁은 전쟁 자체의 참혹성뿐만이 아니라 이데올로기의 충돌이 갖는 공폭성(狂暴性)을 동시에 드러냈다. 더구나 냉전 이후 민족의 이념적 분열이 더욱 심화되고 대립과 갈등이 고조되었기 때문에, 한국사회는 동서 냉전체제의 전개 과정 속에서 분단 현실을 기정사실화할 수밖에 없는 상황적 모순에 직면하게 되었다.[1] 이러한 남북 분단의 현실 속에서 정치, 사회적 모순이 확대되었고, 분단 논리 자체가 민족의식의 편향을 초래하여 한국 문화의 전반적인 풍토는 편협성을 벗어나지 듯했다.

　전쟁과 분단이라는 특수한 체험은 실존(實存)에 대한 문제를 강하게 제기했으며, 한편으로는 인간과 역사에 대한 환멸, 자

1　권영민, 『한국 현대문학사』, 민음사, 2002, 103쪽.

기부정, 피해의식 등의 허무주의를 개인들의 내면에 각인시켰다. 동족 간의 전쟁으로 인한 민족 정체성의 상실과 역사와 현실 사이에서의 갈등, 개인과 집단 속에서의 실존의 어려움은 시에서도 새로운 대응을 필요로 했다.

'분단'이라는 한 단어에 내재된 한국 현대사의 비극과 이데올로기는 현재의 우리의 삶까지도 절대적으로 규정하고 있는 것이 사실이다. 남북 분단은 오늘날까지 삶을 결정짓는 체제로 고착되어 있으며, 박봉우의 시 「휴전선」이후 많은 시인들에게 통일은 중요한 문학적 주제가 되고 있다.[2]

휴전 이후 남북한은 사회, 경제체제, 경제구조는 물론 문화, 의식에 이르기까지 첨예하게 이질화되기 시작했으므로 '휴전선'은 분단과 단절성의 대유적(代喻的) 의미로 상징화되었다. 따라서 휴전선은 국토와 민족사를 단절하는 계기가 되었고, 자기부정의 원인이 되었다.[3] 이러한 상황에서 무엇보다도 자신이 처한 현실을 어떻게 이해하고 바라볼 것인가 하는 '현실인식'의 문제가 중요시되었다.

현재까지도 미해결의 과제로 남아있는 분단 상황은 민족사의 비극, 6·25전쟁을 문학이 어떻게 수용하여 생성적(生成的) 의미를 획득하는가를 짚어보게 하는 과제를 부여하기도 한다.

2 염무웅, 「5, 60년대 남한문학의 민족문학적 위치」, 『창작과비평』, 1992년 겨울호.

3 김희경, 「박봉우 시 연구 — 시간과 공간을 중심으로」, 한성대학교 대학원 석사학위 논문, 2001.

분단이 고착화된 이후 한국 현대문학사에서 제기된 분단극복을 위한 민족문학은 역사의식과 현실인식의 문제와 맥락을 같이 한다.

한국문학에서의 '역사의식'이란 "우리 민족사가 지닌 과제를 주체적이고 민중적인 관점에서 해결해 나가려는 미학적 창조, 혹은 참여행위 일체"를 지칭[4] 한다고 할 때, 분단 이후 한국 문학사는 작가와 작가의 작품에 드러난 역사의식, 현실인식의 문제를 기본 전제로 하여 검토되어야 할 것이다. 사실 당대의 모든 작가와 작품은 직접적이든 간접적이든, 긍정적이든 부정적이든 간에 역사·시대 현실과의 연관성을 맺고 있을 것이기 때문이다.

한국 현대문학이 '분단문학'이라는 이름으로 전개되고 있다면, 문학의 가장 큰 과제는 분단의 극복을 위한 진지한 자세와 노력에 있을 것이다. 하지만 오랫동안 '분단극복'이라는 과제는 현실정치를 지배하는 이데올로기(반공이데올로기)에 짓눌려 담론(談論)의 외곽으로 밀려나 있었던 것이 사실이다. 북진통일의 구호와 경직된 반공이데올로기의 완강한 지배 속에서 문학인들이 민족의 비극을 민족적인 눈으로 바라보는 데는 많은 시간이 필요하였다.[5]

---

4 임헌영, 「한국 현대문학과 역사의식」, 『한국 현대사와 역사의식』, 한길사, 1987, 120쪽.

5 조재훈, 『한국 현대시의 숲과 나무』, 이회문화사, 2002, 306~307쪽.

한국문학사를 시대와의 연관성 속에서 살피고자 할 때, 그 단초적 작업으로 자기의 세계를 구축한 문인을 살피는 일이 가능하다. 한 사람의 문인이 자기의 세계를 구축한다는 것은 지속적으로 작품 행위를 감행해야 한다는 전제를 승인할 때 비로소 성립된다. 이 지속성은 문학을 일시적 생활 방편으로 보지 않고 하나의 천직(天職)으로 받아들일 때 마침내 달성될 수 있는 것이다.[6] 이러한 시각에서 한국문학사를 고찰해 볼 때, 민족적 과제인 '분단극복의 의지'를 문학활동의 전 생애에 걸쳐 추구했던 박봉우의 시세계를 고찰하는 일은 문학 연구의 의미를 뛰어넘어 시대사적 과제에 부응하는 의미 있는 일이기도 하다.

1956년 1월, 조선일보 신춘문예를 통해 시 「휴전선」으로 등단한 박봉우는 당시의 문단에서 의도적으로 침묵하거나 자제하고 있던 분단의 현실을 겁도 없이 '분단의 극복과 민족동질성의 회복'이라는 주제로 시화(詩化)[7] 했다. 그는 시 「휴전선」을 통해 전쟁으로 인한 분단의 현실을 고발한 이래, 시대사적 변모 속에서 1960년대의 4·19 정신, 1970~80년대 현실비판 등을 우리 민족의 현재적 모순인 분단현실과 연관지어 일관된 시적 주제로 추구해 왔다.

---

6 김윤식, 『한국 현대문학사』, 일지사, 1998, 2쪽.
7 오성호, 「상처받은 나비의 꿈과 절망」, 『1950년대 남북한 시인 연구』, 국학 자료원, 1996, 101쪽.

박봉우 시의 일관된 현실인식은 모순되고 부조리한 현실과 시적 자아(自我)와의 불화(不和)에서 출발한다. 하지만 민족 분단의 현실을 개탄하며 힘찬 어조로 통일을 노래했던 1950년대 후반과는 달리 1960년대 초반부터는 좌절과 환멸의 늪에 빠져 내면세계로 깊이 도피하는 듯한 모습을 보여준다. 이는 혁명의 실패라는 사회적 요인도 있었지만, 그의 역사와 민족사회 현실에 대한 인식이 냉철하고 깊지 못해서 나타나는 '의식의 취약성'에서 비롯된 것이라고 할 수 있다. 개인사적으로는 4·19혁명이 일어난 그해 여름, 예기치 않게 얻은 정신병[8] 때문이기도 하다.

이처럼 시대현실에 대한 박봉우의 시적 대응이 문제를 제기하고 대결 구도만을 부각시켰을 뿐, 모순 해결을 위한 보다 구체적이고 실천적인 대안을 제시하지 못했다는 평을 받는 이유는 시대와 역사를 시인이 주체적으로 이끌어 나가야 한다는 시정신을 가지고 있으면서도 역사와 현실에 대한 보다 깊이 있는 인식이 부재했기 때문이다. 당시 사회의 제 모순이 민족분단의 구조적 뒤틀림에서 비롯된 것이라는 총체적 관점이 있었다면, 드러난 모든 모순과 문제점들에 대해 보다 실천적이고 미래지향적인 해결의 실마리를 제시할 수 있었을 것이기

---

8 4·19혁명이 일어난 1960년 여름, 전남일보 서울 특파원으로 근무하고 있던 박봉우는 취재차 내려갔던 목포에서 폭력배에게 폭행을 당하여 뇌에 심각한 손상을 입었다.

때문이다.

지금까지 박봉우에 대한 연구는 1950년대라는 한정된 시간 틀 속에서 분단 조국의 현실에 통분하고 통일의 염원을 노래한 시인 정도만 평가되어 왔다. 다행히 1990년대 중반부터 전공 연구자들에 의해 다양하게 거론되고 있기는 하지만 그 성과와 문학사적 평가는 아직 미미한 편이다.

박봉우에 대한 체계적인 논의가 이루어지지 않고 있는 첫 번째 이유는 연구의 대부분이 그의 정신병이 시작되기 이전에 발간된 첫 시집『휴전선』과 두 번째 시집『겨울에도 피는 꽃나무』에 한정되어 있고, 그 이후에 발간된 시집에 대해서는 작품 분석을 통한 과학적 연구보다 시인의 생애에 대한 단평(短評)이나 월평 형식의 회고사적인 기록들이 대부분이기 때문이다. 이러한 이유로 인해 박봉우에 대한 접근은 깊이 있는 작품분석을 통하여 작품의 내밀한 의미와 작가의식의 흐름에 천착하기보다는 작품의 외재적인 평가에 치우친 경향이 많았다. 정신병이 발병한 이후의 작품에 대한 문학연구자들의 이러한 태도는 그에 대한 문학연구가 체계적으로 이루어지지 않고 있는 가장 중요한 원인으로 볼 수 있다.

두 번째 이유로는 지금까지의 박봉우 문학연구가 분단극복의 주제를 표출한 작품에만 지나치게 치우쳤다는 점을 둘 수 있다. 실제로 박봉우의 첫 번째와 두 번째 시집에는 분단 상황을 직시하고 그에 대한 극복 방안을 노래한 시들이 많다. 그러나 이후에 전개되는 시들에서는 분단극복을 지향하는 시들 외에도 변화하는 사회현실에 대응하는 현실비판적인 참여시가 많이 나타난다. 이들 민중시, 참여시의 성격을 띠고 나타나는 작품들은 대부분 1960년대 이후의 시기에 집중되어 있다. 그러나 앞에서도 언급했듯이 60년대 이후는 박봉우가 정신병을 앓은 시기로, 그는 온전치 못한 정신상태에서 시작(詩作) 활동을 했다. 예나 지금이나 정신병은 사회·문화적으로 터부시되어 환자의 의식세계와 정신세계를 무조건 광인(狂人)의 것으로 평가절하하는 것이 일반적이다.

이러한 까닭으로 인해 박봉우 연구의 대부분은 1960년대 이전의 분단극복을 다루는 시(詩)에 한정되어 1950년대 전후시사(戰後詩史)를 다루는 한편에서 소략하게 취급되어 왔다.

본고에서는 1956년 등단에서부터 1990년 사망할 때까지 분단의식과 통일, 자유와 민주, 민중적 세계관의 지향이라는 일관되고 발전된 시적 주제를 보여준 박봉우 시의 현실주의적 특성에 대해 그의 문학적 생애와 작품을 통해 살펴 보고, 그 한계(限界)에 대해서도 고찰해 봄으로써 한국 현대문학사에서의 가치와 의미를 새롭게 밝히고자 한다. (이상『서론』—「1. 문제의 제기」 중에서)

*

박봉우가 생존했던 시기는 한국 현대사의 비극과 굴곡이 집

중된 시기라고 할 수 있다. 그가 태어난 1934년은 민족의 미래를 가늠하기조차 힘들었던 암울한 일제치하였으며, 1950년에는 민족분단을 정치적으로 기정사실화하는 6·25전쟁이 있었다. 박봉우의 비극적 전쟁 체험은 그가 분단의식과 통일지향이라는 일관된 정신을 갖게 하는 원초적 계기가 된다.

1956년 조선일보 신춘문예에 시 「휴전선」이 당선되어 등단한 박봉우는 당시의 문단에서 의도적으로 침묵하거나 자제하고 있던 분단의 현실을 '분단극복과 민족동질성 회복'이라는 주제로 대담하게 시화(詩化)했다. 그는 시 「휴전선」을 통해 전쟁으로 인한 분단의 현실을 고발한 이래, 시대사적 변모 속에서 1960년대의 4·19 정신, 1970~80년대의 현실비판의식을 우리 민족의 현재적 모순인 분단현실과 연관지어 일관된 시적 주제로 표출해 냈다. 박봉우 시의 현실인식은 부조리한 현실과 시적 자아와의 불화에서 출발한다.

지금까지 박봉우 문학에 대한 평가는 그가 분단문학의 정점에 서 있다는 상찬(賞讚)과 단지 문제를 제기하고 대결구도만을 부각시켰을 뿐, 모순 해결을 위한 보다 구체적이고 실천적인 대안을 제시하지 못하여 낭만적 환상에 그치고 말았다는 비판 등 상반된 평가를 받고 있다. 이와 같은 상반된 평가는 지금까지의 박봉우 문학에 대한 연구가 정신병이 발발하기 이전의 첫 시집 『휴전선』과 두 번째 시집 『겨울에도 피는 꽃나무』에 집중되어 분단의식과 통일이라는 주제의식만을 도출해내고자 한 데 있으며, 그 이후의 시들은 정신병을 앓는 환자의 것으로 외면한 까닭에서 기인한다.

하지만 박봉우는 분단의식과 통일이라는 일관된 시적 주제에 천착하면서도 모순된 사회현실에 대한 현실비판적 성격의 시를 꾸준히 창작해 냈다. 이는 박봉우가 개인사적 불행에도 좌절하지 않고 참여적 지식인의 시대적 소명을 다한 결과라고 할 수 있다.

본고에서는 박봉우의 현실주의적 특성에 대해 한국현대사의 질곡이 집중되어 있는 당대의 사회변화 과정과 함께 고찰해 보고, 이를 통해 박봉우 시의 성과와 한계를 한국 현대문학사에 올바르게 자리매김해 보고자 하였다. 그러기 위해서는 우선 박봉우 시의 현실주의적 특성과 시적 변모 양상을 각각의 시집이 발표된 시기와 연관지어 고찰해 보았다.

첫 번째 단계는 등단 초기부터 4·19 이전 발표된 첫 번째 시집 『휴전선』(1957, 정음사 간)과 두 번째 시집 『겨울에도 피는 꽃나무』(1959, 백자사 간)가 발표된 시기로, 전쟁체험과 분단극복 의지의 표현 양상을 중심으로 살펴보았으며, 두 번째 단계는 4·19 이후 발표된 그의 세번째 시집 『4월의 화요일』(1962, 성문각 간)이 발표된 시기로 4·19혁명에 대한 시인의 인식을 중심으로 자유와 민주의 열망에 대혀서 살펴보았다.

세 번째 단계는 그의 네 번째 시집(시선집) 『황지의 풀잎』(1976, 창작과비평사 간)이 발표된 시기로, 산업화로 인한 경제적 불균형과 정치·사회적 모순을 직시하여 창작한 이 시기의 시편들을 중심으로 민중의식과 적극적인 현실비판 자세를 살펴보았다.

네 번째 단계는 『황지의 풀잎』 이후 그가 작고하기 전까지 발표된 시들을 대상으로 하여 아내와 아이들, 소외된 이웃에게로 향하는 사랑과 순수서정의 세계를 살펴보았다. 아울러 4·19혁명의 꿈이 좌절되고 정신병이 발발한 이후 1960년대 초반의 시를 중심으로 그의 좌절과 허무의식을 살펴 박봉우 시의 유약한 현실인식의 한계와 안일한 현실인식에서 비롯된 거시적 시각의 결여와 대안의 부재에 대해서도 함께 고찰해 보았다.

1960년대 초반 좌절감 속에서 다소 문학적 완성도가 떨어지는 시와 동어반복적인 구호 수준의 시가 구체성을 상실한 함량 미달의 시라고 하더라도, 그의 일관된 시적 주제의식만큼은 크게 평가를 받아야 하리라고 생각된다. 물론 이러한 평가는 박봉우의 주관적이고 관념적인 도덕주의와 그의 시에 남겨진 추상성을 철저히 비판하고 극복했을 때만 가능한 일이다.

박봉우의 문학은 분단극복의 문제를 탁월하게 시화함으로써 통일의지와 희망을 노래하고 실천적 행동으로 현실의 모순을 극복하려 했다는 점과, 민주와 자유라는 민중적 염원을 수식 없이 시화하여 현실적 참여시의 한 전형을 보여주었다는 점에서 시사적(詩史的) 의의를 지닌다. 또한 소시민적 삶의 문제에 고뇌하는 서정성을 확보했다는 점에서도 시사적 의미와 가치를 지닌다고 하겠으며, 무엇보다도 「휴전선」을 비롯한 1950년대 후반의 그의 시가 1960년대에서부터 1980년대까지의 민중시와 참여시로 이어지는 교두보적 역할을 했다는 사실에서 한국 현대 시문학사에 커다란 성취로 기록되어야 할 것이다.

(이상 「국문초록」 중에서)

---

* 이 글은 주영국의 공주대학교 대학원 석사학위 논문인 「박봉우 시의 현실주의적 특성 연구」의 서론 일부와 국문초록임.

바닷속 별들의 이름을 부르는 아픈 역설

— 김완 시집 『바닷속에는 별들이 산다』

바닷속에 별들이 산다는 말은 역설이다. 태초의 4일차에 별이 태어났다고 하는 어느 종교서의 기록처럼 별은 해, 달과 함께 하늘에 만들어 졌다. 별은 태양, 달과 함께 신적인 존재로 숭배되는 동시에 영혼, 불사, 희망 등의 상징으로 그려진다. 그리스 신화에서는 새벽의 여신 에오스가 아스트라이오스라는 신과 결혼해서 낳은 자식이 밤하늘의 별이다. 일월과 성신에 천지만물의 정령이 스며있다고 믿는 사람들은 지금도 많다. 별은 지상의 불빛들과 조응하며 모든 생명체들의 운명의 길잡이 역할을 하기도 한다.

태초 이래 지금까지 바닷속에서 별을 발견한 과학자는 없다. 천체과학의 입장에서 볼 때 별은 스스로 빛을 발하는 항성이다. 항성은 행성과 달리 천체 상에서 자리를 바꾸지 않는다. 맑은 날 밤하늘에서는 대략 6천개의 별을 볼 수 있다고 한다. 그래서 바닷속에 별들이 산다고 하는 말은 분명 역설이지만, 그날 이후 맹골의 바다에는 무리지어 별이 떠오르기도 한다.

먼저 핀 동백꽃이라고 아픈 사연 없겠는가
녹동항 식당에서 사라진 우리들의
은유와 상징은 누구에게 갔을까
섬에 가면 섬을 볼 수 없다는 말,
왜 그 말을 우리는 두려워하는가
섬의 뼛속까지 내려가 살면 되지
아침저녁 들고날 때의 풍경은 다른 법
피지 못한 꽃, 물에 잠긴 어린 영혼들
볼 수 없는 바닷속에는 어린 별들이 산다

—「바닷속에는 별들이 산다」 부분

　　1980년 오월의 내상과 함께 광주에서 의과대학을 졸업한 시
인은 상처와 함께 살아가는 사람이다. 환자를 경전으로 여기
며 그들의 상처와 아픔을 보듬고 치료해주는 역할을 필생의
업으로 받은 사람이다. 꽃은 피어야 비로소 꽃이라고 할 수 있
듯이 꽃망울인 상태에서 툭! 지상에 떨어져버리면 누구도 꽃
이 졌다고 하지 않는다. 아득하면서도 바로 어제의 일 같은 세
월호 참사의 현장에서 시인은 한 발자국도 벗어나지 못하고
있다. 마치 대속이라도 하려는 것처럼 살아남은 자의 고통으
로 오래도록 아파한다. 사월에도 아프고 오월에도 아프고 그
는 누구처럼 봄을 살지 못하는 사람이다. 그러면서도 그는 바
닷속에서 별을 발견한 최초의 시인이다. 유채꽃 보러 제주 가
다가 꽃망울인 채로 바닷물에 잠겨버린 어린 영혼들이 그곳에
서 별이 되었으리라고 믿는 시인의 은유와 상징은 아마도 맹

골의 바닷속 별들에게 가 있으리라.

봄 햇살 가득한 평상 위에 앉아
오랜 친구들과 국수를 먹는다

봄 강에는 쇠오리들과 재두루미 한 쌍
명지바람이 아픈 계절의
상처와 분노를 어루만진다

젊은 나무들은 이미 제 안의 욕망을
독학해 꽃으로 활짝 피우고 있다

관방제림의 천연기념물인 고목들에는
아직 봄이 오지 않고 있다 봄을
기다릴 수 있는 나무들은 행복하다

진도 바다에 수장된 어린 나무들에게는
끝끝내 돌아오지 않을 봄
탁배기 한 사발로 관방천의 봄을 마신다

—「돌아오지 않는 봄」 부분

명지바람 부는 담양 죽녹원 앞 관방천의 평상에 앉아 시인은
오랜 친구들과 국수를 먹으며 탁배기를 마시고 있다. 먹는다
는 것은 생물이든 식물이든 살아있어야만 가능한 역할, 천년
을 살았다고 해도 어제 죽은 나무에게는 명지바람조차 가 닿

지 않는다. 명지바람은 봄에 부는 보드랍고 화창한 바람을 말
하는데, 죽은 나무에서는 겨울을 이기고 돌아온 봄의 기운을
절대로 느낄 수 없다. 오직 살아있는 나무라야만 봄을 기다릴
수 있고 꽃을 피울 수 있다. 그래서 죽음에는 행복이라는 단어
가 따라붙지 않는다. 그해 사월, 맹골의 바다에서 죽어간 어린
나무들은 두 번 다시 봄을 마중하지 못할 것이다. 시인은 관방
천의 봄을 마신다고 했지만, 그가 마시는 탁배기는 단술이 아
니다. 맹골 바다에 수장된 어린 나무들과, 그들을 수장시키고
도 대체로 잘 살고 있는 사악한 존재들에 대한 분노와 슬픔으
로 마시는 쓴 술이다. 시인의 봄날, 명지바람도 그를 비켜 돌
아 관방천 고목의 새순 나올 자리나 간질었을 것이다.

조계산 선암사로 그녀를 만나러 가는 길
검은 나비들, 길 위에 떼 지어 죽어있다

검은 나비들의 떼를 이룬 죽음이라니
진도 맹골수도에 수장된 어린 넋들
검은 나비로 환생해 다시 죽은 것인가

구불텅구불텅 직각으로 허리 구부린
육백 살 먹은 선암매, 검은 그녀에게
참담한 생의 비의를 거듭해 물어본다

매화, 개나리, 벚꽃, 목련, 조팝꽃, 유채꽃,

복사꽃, 살구꽃, 이팝꽃, 아기 진달래까지
만남과 헤어짐에는 모두 매듭이 있는 법

2014년 4월 16일 이후 우주가 정지되고
시간의 굴곡을 잊어버려서일까 한꺼번에 핀
이상한 계절의 꽃들, 우르르 이울고 있다

　　　　　　　　　　　　　　―「이상한 계절」 전문

　2014년 4월 16일, 그날 이후 자연계는 정상적으로 순행을 하지 못한다. 다른 계절의 꽃이 무리지어 피는가 하면 곤충들이 들끓고 떼 지어 죽기도 한다. 순천 선암사의 육백 살 먹은 그녀를 만나러 가면서도 시인은 맹골 바다에 수장된 어린 넋들을 벗어나지 못한다. 검은 나비들이 길바닥에 떼로 죽어있는 것은 분명 상서로운 징조가 아니지만, 시인은 검은 나비들의 주검에서도 세월호의 어린 넋들이 잠시 살아났다가 다시 죽은 것은 아닌가, 하고 육백 살 먹은 선암매에게 우주와 자연계의 비의를 묻기도 한다.

　파도가 맹수처럼 사납고 거칠어 맹골수도라 이름 붙여진 그곳 바다에 수장된 아이들이 바닷속 별이 되었으리라는 시인의 주장은 분명 역설이지만, 그들이 바닷속에서라도 별이 되어 따스하게 모여 살았으면 하는 마음은 시인의 진심이다. 시인의 말처럼 아우슈비츠 이후, 오월 광주 이후, 세월호 이후 서정시를 쓰기 힘든 시대는 계속되고 있으나, 서정시는 계속 써

져야만 한다. '별을 노래하는 마음으로 모든 죽어가는 것을 사랑해야지' 라고 했던 동주의 「서시」 시구처럼 비통한 것들을 더 껴안으며 아픈 것은 아프다 하고 미운 것은 밉다고 하는 시를 계속 써야만 한다. 맹골의 바닷속에 모여 사는 별들이 온전하게 하늘로 올라갈 때까지 시인은 이들을 하나하나 봄의 꽃 이름으로 불러주며 오래도록 함께 할 것이다.

(『광주전남작가』, 통권 제24호, 2018)

발자국 소리가 들리는 지점

— 임지형 동화집 『인증샷 전쟁』

대기가 안정된 저녁의 발자국 소리는 생각보다 크게 들린다. 기다림의 증폭기까지 거치게 되면 여러 소리들이 뒤섞인 속에서도 자신에게로 오고 있는 발자국 소리를 또렷하게 들을 수 있다. '발자국 소리'에서 서윤이는 밤마다 엄마의 발자국 소리를 기다린다. 무슨 사연으로 아빠도 없는 원룸 단칸방에서 엄마랑 단둘이 살고 있는지 모르겠으나, 엄마는 방 두 칸짜리 집으로 이사를 가 서윤이의 공부방을 만들어 주려는 희망으로 살고 있다. 그러기 위해서는 서윤이의 외로움을 뒤로하고 밤늦게까지 일을 해서 돈을 벌어야 한다. 사랑하는 사람이 있고 그와 함께할 희망이 있다면 생활에서의 고단함은 얼마든지 이겨낼 수 있다.

엄마가 오기 전까지 밝은 달은 서윤이의 유일한 대화 상대다. 달사람이라고 부르는 보름달에게 엄마가 어디까지 왔는지 물어보기도 하고, 같은 원룸에 살고 있는 이웃들에게 관심어린 소망을 빌어주기도 한다. 3층에서 혼자 사는 이모에게는 멋

147

진 애인이 생기기를 빌어주고, 302호 택배 아저씨의 고단함도 걱정해 준다. 401호 대학생 오빠는 학점을 잘 받아서 좋은 회사에 취직했으면 하고, 엄마의 소망도 이루어져 방 두 칸짜리 집에서 행복하게 사는 꿈을 꾸기도 한다.

승강기가 없는 연립주택이나 원룸 같은 곳에서는 발자국 소리를 내며 계단을 오르고 내릴 수밖에 없다. 사람들은 저마다 고유한 발자국 소리를 가지고 있다. 신발을 질질 끄는 사람도 있고, 단정하게 또각또각 걷는 사람도 있고, 종종거리는 바쁜 걸음걸이도 있을 것이다. 달님도 하품을 하기 위해 잠시 구름 뒤로 몸을 숨기는 늦은 저녁, 엄마의 발자국 소리를 지치도록 기다리다 보니 원룸 이웃들의 발자국 소리까지 구분해서 들을 수 있게 되었다. 하루 이틀도 아니고 몇 년이나 반복되는 그리움과 기다림 끝에 터득하게 된 서윤이만의 능력 아닌 능력이 된 것이다.

「발자국 소리」에는 아무리 천천히 숙제를 해도 안 오시는, 장에 간 엄마를 기다리며 빈방에서 훌쩍 거리는 기형도 시인의 유년이 겹쳐진다.

열무 삼십 단을 이고
시장에 간 우리 엄마
안 오시네, 해는 시든 지 오래
나는 찬밥처럼 방에 담겨
아무리 천천히 숙제를 해도

엄마 안 오시네. 배추잎 같은 발소리 타박타박
안 들리네, 어둡고 무서워
금 간 창틈으로 고요히 빗소리
빈방에 혼자 엎드려 훌쩍거리던

아주 먼 옛날
지금도 내 눈시울을 뜨겁게 하는
그 시절, 내 유년의 윗목

— 기형도 「엄마 생각」 전문

  유년의 아이들에게 엄마의 존재는 절대적이다. 엄마의 부재
는 이루 말할 수 없는 상실이자 두려움으로 이어진다. 밤은 깊
어 가는데 창밖으로 비까지 내린다면 외로움과 두려움은 극에
달할 것이다. 하지만 서윤이는 훌쩍거리며 엄마를 기다리지
않고, 달님을 불러내 대화를 하는 등 기다림과 두려움을 밝고
건강하게 이겨내는 방법을 터득해 냈다. 아픔에도 익숙해진다
는 것은 개인적으로 슬픈 일이다. 그러나 익숙해진 것은 곧 단
단해져서 건강한 자신의 일부가 될 것이다.
  임지형의 동화집 『인증샷 전쟁』은 「발자국 소리」를 비롯한 7
편의 단편 동화로 구성되어 있다. 7편의 동화에는 우리가 살아
가는 사회 모퉁이에서의 이런저런 문제들이 들어 있다. 모퉁
이는 중앙이나 중심이 아니다. 주류와 실세들이 살지 않는 곳
이지만 사회의 바닥을 튼튼하게 받치고 살아가는 소박한 이웃
들이 있다. 자잘한 이해로 부딪히기도 하고 화해하기도 하며

건강하게 살아가는 곳이다. 모퉁이에서 살아가는 아이들은 불편하고 상처가 많아 보여도 아이들만의 천진함과 우정으로 서로를 이해하고 보듬어주며 잘 지내고 있다. 자신이든 이웃이든 아픔과 어려움이 있다면 치유해 주기 위해 정성을 다 한다. 아이들은 어른들보다 훨씬 더 구체적으로 더불어 살아가는 공동체의 삶을 이해하고 있다.

아파트 층간소음 문제는 나랏님도 어찌해 보지 못하는 사회적 문제가 된 지 오래. 잊을 만하면 아래층 위층 간의 비극적인 사건으로 신문의 사회 면을 장식하기도 한다. 「아래층 위층 사이」에서 동생 호영이는 층간소음에 주의를 하는 평소의 습관이 몸에 밴 나머지 유치원 운동회에서 까치발로 종종거리며 달리기를 했다. 이를 본 아빠는 화가 나서 허구한 날 시끄럽다고 인터폰을 울려대는 아래층과의 일전을 선언하게 된다. 아래층 신경 쓰지 말고 마음껏 뛰며 놀라고 한다. 관리사무소의 중재로 아래층에 종일 누워서 지내는 뇌성마비 아픈 형이 있다는 사실을 알게 된 것은 얼마 뒤였다. 어른들은 화해하는 방법도 해결책도 잘 떠오르지 않는다. 그러나 아래층의 아픈 형과 놀아주기 위해 현관문의 초인종을 누른 것은 형 호준이였다. 어디서 학습하지 않아도 서로 화해하고 함께 살아가는 단순한 방법을 아이들을 금방 알아내고 만다. 작가는 이처럼 사회의 모퉁이에서 문제가 되는 상황과 이를 해결해 가는 아이들의 과정을 억지스럽지 않게 그려내고 있다.

스마트폰도 이제는 아이들의 필수적인 문화 도구로 자리를 잡게 되었다. 카톡이나 카카스와 같은 메신저는 아이들의 실시간 소통 장치로서 역할을 톡톡히 하고 있다. 작가의 다소 과장된 표현이기도 하지만 스마트폰이 없었던 암흑의 시대와 스마트폰이 있는 광명의 시대로 나누기도 한다. 어른들도 「인증샷 전쟁」의 민우와 마찬가지로 자잘한 일상을 메신저에 올린 다음 친구들의 반응(댓글)을 보며 행복해 하기도 하고 우울해 하기도 한다. 누군가로부터 관심을 받고 싶어 하는 인정의 욕구라고도 할 수 있겠다. 정작 문제는 메신저에 소식을 올리는 것에만 급급한 나머지 길에서 죽어가는 고양이도, 골목에 쓰러져 신음하는 할아버지도 인증샷의 소재로만 존재한다는 것이다. 사진 몇 장을 찍어 메신저에 올리고는 눈앞의 아픈 소재들에 대한 관심과 역할은 다른 사람에게 돌려버리고 만다.

떨어뜨린 스마트폰을 꺼내려다 건물의 틈새에 몸이 끼어버린 민우의 처절한 모습은 웃음을 자아내게 한다. 작가 특유의 능청스런 재치요 반전이다. 옴짝달싹하지 못하는 자신을 구해달라고 마음속으로 백번도 더 외쳐 보지만 사람들은 몸을 빼내려고 바동거리는 민우의 뒷모습을 보며 커뮤니티에 올리면 재미난 반응이 쏟아질 거라며 사진 찍기에만 정신이 팔려 있다. '제발 사진만 찍지 말고 나를 도와줘!' 민우의 절규는 비약하자면 죽어가는 고양이와 쓰러진 할아버지를 외면한 대가인지도 모른다. 스마트폰으로 인증샷 놀이에 빠져 사는 어른들도 한번쯤 자신을 돌아보아야 할 대목이 아닌가 싶다.

다문화 가정에서 태어난 아이들의 갈등과 화해를 그린 「다문화다」에서는 띄어 쓴 글자 하나를 통해 서로의 문화를 '다' 이해하고 존중하자고 한다. 서로의 가치와 차이를 인정하며 공존해 가자고 하는 작가의 아름다운 사회성이 느껴진다. 이밖에도 「베이비 박스」나 「친절한 꼬투리 씨」, 「피자 선거」 등에서도 어른들이 흔히 지나쳐버리기 쉬운 사회의 단면들이 아이들의 모습을 통해 실감나게 그려져 있다. 불편하고 피하고 싶은 이야기도 그저 가만히 들어달라고 하는 작가의 말은 읽는 사람을 멈칫거리게 한다. 어른들에게는 유년의 기억을 떠올리게 하거나 이런저런 사회적 문제들이 숨어 있는 아이들의 현장으로 들어가게도 한다. 그래서 발자국 소리는 내가 그들에게 가는 관심이기도 하고, 그들이 나에게 오는 사랑이거나 그리움일 수 있다. 장에 간 엄마를 기다리며 어둠 속에서 혼자 훌쩍거리는 발자국 소리가 아니라, 사회 여러 곳에서 다양한 모습으로 살아가는 대상들에 대한 사랑과 관심의 발자국 소리로 들어야 한다. 작가는 발자국 소리가 들리는 지점을 우리들에게 알려주고 있다.

(『광주전남작가』, 통권 제23호, 2017)

제6부

주영국 시인 추모 시와 산문

주영국 시인을 기리며

강대선

짧은 단편 같았으나 쉽게 읽히지 않는 사람

때론 중편이나 장편보다 더 길고 깊어 이해의 대목을 놓치기도 했던 사람

눈을 치켜뜨고 시를 이야기할 때는

절정으로 치닫는 주인공처럼 강렬한 눈빛이었다가

때론 풀어질 대로 풀어진 눈처럼 부드러웠던 사람

사람과 시를 섬기는 일로 술을 마셨고

술을 마시는 일로 위로받기로 하고 눈물 흘렸던 사람

시를 치열하게 사랑하다 별이 된 사람

내 가슴에 오래도록 잊혀지지 않는 주인공 같은 사람

강대선 2019년 『동아일보』 신춘문예로 등단. 시집 『가슴에선 핏빛 꿈이』 등.

사자(死者)의 서(書)

— 주영국 시인에게

김수

불가(佛家)에서는
겹겹의 시간을 품는 누천년 인연으로
이웃이 될 수 있다고 하네

길 위의 어느 고독한 철학자는
만날 사람은 반드시 만나는 게
인연이라고 하네

우리가 사는 지척에 '평화의 소녀상'*이
세워지고 그 인연으로
우리는 운명처럼 알게 되었지

일주일이 멀다 하고 술잔을 기울이던 우리는
헤어질 때는 어김없이 소녀상 앞 벤치에 앉아
긴 시간, 밤하늘을 바라보기도 했었지

맺고 잊히는 수많은 인연과
아직 오지 않는 인연 사이
꿈결 같은 그리움이여

백 년 천 년 뿌리 내린 나무처럼
여전히 내 안에 숨결로 머무는
차마 지울 수 없는 그대가 있네

새점을 치는 저녁도 어느덧 신화가 되었구려!

안녕, 안녕, 파랑새여
꽃 피기 전에 돌아오면 좋겠네

* 광주평화포럼 주관으로 광산구 문화예술회관 광장에 세워졌으며, 필자
는 '소녀상과 함께하는 인권·평화 글짓기' 행사를 진행하면서 주영국
시인과 인연을 맺게 됨.

김 수 2019년 『광주전남작가』로 등단. 시집 『끝내 미안하다 말하지 못했다』 등.

어의도(於義島)*

김완

지도읍 점안 선착장에서 어의도로
갈 수 있을 것인지 궁금해 하는 사이

지독히 자욱한 해무를 뚫고 불쑥
철부선 섬사랑 17호가 나타난다

그리움은 시도 때도 없이
그렇게 불현듯 찾아오는 것

칠천량 해전에서 소멸된 조선 수군을 재건한
무너진 집터에서 선친의 인감도장을 발견한

그는 무엇을 생각하며 그 섬에 들고났을까
어머니 계신 고향 섬을 부러워하던 육지 사람들

세상이 외면한 낡고 허름한 폐교 아랫집에서
우리는 그해 여름 무슨 이야기들을 나누었나

구름을 보며 시대의 기상을 점치고 싶었던

주영국 시인 그리운 계절은 어김없이 찾아온다

이제 그와 함께 한 모든 세월이 멀어져 갔다
산자는 피가 터져 흐르면 애간장이 녹는 법이다

* 전남 신안군 지도읍에 있는 섬으로 주영국 시인이 태어난 고향이다. 섬
  의 형태가 길게 늘어져 '느리섬'이라 했고, 한자어로 표기하면서 어의도
  (於義島)라고 했다.

김 완 2009년 『시와시학』으로 등단. 시집 『너덜겅 편지』 등.

주 시인에게

박관서

휘몰아 덮쳐드는 모래바람을 부드럽게 쓸어내며
천 리 밖을 건너보며 걷는 낙타의 속눈썹은
물에 닿으면 바늘처럼 날카롭게 굳어버려 울지를 못한다지!

그러한 낙타야, 네 등에 올라탔을 때
속으로 물길이 흘렀다 정읍천 찬물로 서해바다
어의도 안온한 해변에 이르러 숨은 장군의 마음이 그랬으랴

성실한 적이나 시시때때로 일깨우는 골병이 필요한 나이를
맞지 못하고 돌아간 사내들이 그렇듯이
살아온 날들을 잊지 마시라, 그리하여 낙타야!

두 개의 굽은 등뼈 사이로 얹은 엉덩이가
금세 뜨거워져 서로 함께 눈썹이 젖을까 봐
벌떡 일어선 하늘만 바라보며 울뚝울뚝 걸었지 않았느냐

그리 거꾸로 걷는 너를 마음에 앉혀 놓고 걸으니
어찌 꽃길이 아니었으랴, 순간으로 순간을 만나서 걷는
천 리 걸음이 단 한 걸음이지 않았으랴, 그리

그래, 버리지 말고 껴안아 일어나시라!

슌간으로 억 년을 사는 지구가 낳은 낙타의 속눈썹으로

술잔을 바라보던 시인아, 두 개의 등뼈를 잘 추스르시라

박관서　1996년 『삶 사회 그리고 문학』으로 등단. 시집 『광주의 푸가』 등.

삶은 달걀과 체 게바라와 주영국 시인

홍관희

"혁명도 결국은 살자고 하는 것"*이라며
"삶은 달걀을 먹을 때마다 목이 멘다"*는
조용한 혁명군 같은 시인의 고백을 들은 뒤부터
삶은 달걀 먹는 게 부담스러워졌다

밥은 먹어도 안 먹어도 좋으니 알아서 하라며
건강을 생각해 아침이면
밥 생각이 나지 않을 만큼
요거트와 삶은 달걀과 과일을 식탁에 깔아놓는
그녀는 시인의 시를 읽지 않았을 게다

시인의 추모시 제출 마감일인데
일상에 쫓겨 잊고 있었다
오늘 아침도 같은 상차림이지만
삶은 달걀을 먹다가 목이 메면
시마저 목이 메어 마감일을 넘길 것 같아
삶은 달걀 두 개를 통째 남겼다

마지막 이사를 하였다지만

그렇다고 있던 일들이 다 사라진 건 아니기에
알 수 있는 이 세상에서도
알 수 없는 그 어느 세상에서도
그는 여전히 시인일 것이기에

성공도 실패도 해본 체포된 혁명가의
반합 속 삶은 달걀을 떠올리며
조용한 혁명군 같은 그는
지금도 삶은 달걀에 목이 메어
눈물만 삼키고 있을지도 모른다
여기에서도 거기에서도 그는 여전히
눈물 많은 시인일 것이기에

* 주영국의 시 「체 게바라 생각」에서 인용.

홍관희 1982년 『한국시학』으로 등단. 시집 『사랑 1그램』 등.

섬 사내

— 주영국 시인에게

박재웅

얼굴 익힌 것은 정유년 동짓달 빛고을 광주
말석에 노루 같은 눈을 뜨고 앉아 묵묵히 듣기만 하다
막걸리 서너 순배 지나서야 "아따 성님 만나서 반갑소잉~ "
거룻배처럼 다가와 술잔을 건네던 사내
먼 거리여서 자주 오갈 수 없었지만 코로나가 극성이던 그해
여름
고향 햇사레 복숭아 들고 찾아갔을 때 계면쩍게 내민 공군용
선글라스를 끼자
묵직한 섬처럼 보였던 사내 어디에 있을까

산 자는 결코 찾아갈 수 없는 그곳, 섬 사내를 생각하는 지금
별빛 감춘 상무지구에서 생맥주로 텁텁한 여름 밤 식히며
넓은 세상 꿈을 향해 떠났다는 그대 유년의 섬에
"성님 은제 한번 내 고향 섬에 같이 가십시다 잉~ "
굵고 나직한 첼로 현 소리의 심장 뛰는 약속은 또 어디에 두
었을까
뭍, 여기 저기 옮기다 보니 고향보다 못한 육지 섬에 갇혀 지
낼 줄 몰라
서러워도 눈물 짓지 않고 섬 베고 누워 하냥 보았던 별과 구

름 바람 벗삼아

　책만 읽고 글쓰기 하다, 어쩌다 시인이 되었다며 너털하게
웃던 사내

　어디로 갔을까

　짓누르는 물질의 시간 속 새벽녘 시를 쓰면 치유와 정화가
된다는

　그대 그리운 '실존의 시간'은 정녕 어디 두고 가셨는가

　어미와 아비의 섬, 그대의 탯줄 묻힌

　어의도 붉은 노을을 깔고 앉아, 지치고 병든 골목사람들과

　새점을 치며 함께 애환을 나누고 있는지

　저 혁명의 밀림에서 체게바라를 위한 달걀을 삶고 있는지

　곁을 훌쩍 떠난 사내여!

　생이 아무리 오래 저물어 가도

　알 수 없고, 찾을 수 없는 칠흑의 달빛 같은 이 그리움

　궁금하고 궁금하외다

박재웅　2010년 『분단과통일시』로 등단. 시집 『쟁이로 불린다는 것』 등.

주영국

김석영

경남 창녕읍 송현리 우포늪 가는 길목
이천 년 묵은 가야의 옛 무덤이 무리져
화왕산(火旺山) 불꽃 자락을 이루는 곳
한국전쟁의 화마가 할퀴고 가던 때
근동의 양민들 끌려와 무참히 학살된 터
오랜 죽음이 새로운 죽음을 끌어안고
붉디붉은 배롱꽃 넋으로 흐드러진 그곳에서
나는 문득 그지없이 다정하고 신실하고 뜨거웠던
한 시인의 삶과 죽음을 떠올린다
죽음과 죽음이 겹으로 포개져 무더기가 되고
죽음의 봉분 사이로 삶의 골짜기가 접혀져
너울져 흐르고 있는 시간의 주름을 헤아린다
시인과 함께 드나들던 빛고을 광주
골목골목의 밥집과 술집에 어린 순정과
거리거리에서 함께 외쳤던 함성의 목메임과
시인과 함께 찾아갔던 제주 교래 북받친밭
이덕구 산전(山田)*가던 숲길의 어둠함과
절멸하는 순간에 가장 아름다운 동백의 붉음과
함께 바라보던 제주 바다의 알 수 없는 서늘함과

여래마냥 그윽하게 뜨고 잠기던 시인의 눈길과
이미 아득한 봉분의 속살이 되어버린 시인과
종내 함께 들어가 겹으로 포개질
나의 빛과 그늘을 본다

*   제주 4 · 3 유적지.

김석영   2015년 『작가마당』으로 등단. 산문집 『참혹한 아름다움』 등.

희망으로 남아있는 새점을 치는 저녁

— 주영국 시인 3주기 추모시

함진원

시간의 시인이셨습니다.

우리 곁을 떠나기 전 마지막 날이 생각납니다.

바람 불고 추운 날 식사와 차를 마시고 헤어지기 섭섭하다고 그날은 유난히 시간이 빨리 지나갔습니다. 어떤 희망을 이야기하는 것은 아니었지만 그저 편안한 모임이 좋았던 거 같습니다.

풍경의 시인이셨습니다.

누구랄 그것 없이 선생님은 한결같이 늘 흔연스런 따수움이 있었지요. 그런 마음이 좋아서 무엇을 물어보거나 도와줄 수 있는 일은 척척 앞장서서 도와주려고 했습니다 심성은 요란하지 않고 착했던 당신이 몸이 안 좋다는 소식을 들었습니다.

하늘과 구름을 풍경 삼아 어의도를 잊지 못했던 그리움으로 성실한 하루를 이어갔던 모습이 눈에 선합니다.

새의 시인이셨습니다.

삶은 달걀 두 개를 떠올리며 가난한 민중들에게 보냈던 평등한 세상을 만들고 싶었던 것 같습니다.

우리 곁을 떠난 지 벌써 3년이란 게 참으로 애석하고 푸른 시의 길을 두고 훨훨 날아간 길에는 구름도 별도 맑은 하늘과 새 점을 치면서 심심하지는 않을 것 같아 조금이나마 마음이 놓입니다.

어느 날 줄 것이 없다고 볼펜 두 개를 주셨지요. 주신 펜으로 시를 쓰면서 보고 싶은 그리움으로 따순 시를 쓰면서 아까운 시인을 잃은 것이 못내 슬펐습니다.

선한 시인이셨습니다.

조용조용 웃던 모습이며 허망한 세상에서 어둠의 장막으로 가려진 곳에 오래 머물지 않고 떠난 당신이 어떤 날은 부럽기도 한 적 있었습니다. 시를 쓰는 일이 곧 생존으로 꽃 피운 성실로 남아있는 시집 『새점을 치는 저녁』을 읽은 밤이 오래도록 안타까웠습니다.

그해 마지막 뵙던 십이월의 겨울 밤.

이제 푸르른 가슴으로 아픔도 눈물도 없는 곳에서 훨훨 새처럼 자유로이 시를 쓰고 계시면 저희도 꽃 피는 환한 날개로 만나러 가겠습니다.

주영국 시인, 아직은 보낼 수 없는 당신을 보낸 우리에게는 지금도 우리 곁에 우리와 함께 있습니다. 시간 여행이 마무리되면 다시 동지로, 시인으로, 따순 밥 먹으며 큰 소리로 건배를 올릴 그날을 기다리고 있습니다. 저희 곁에 계셔서 고마웠습니다.

함진원 1995년 『무등일보』 신춘문예로 등단. 시집 『눈 맑은 낙타를 만났다』 등.

고(故) 주영국

강경아

어느 날 문득
그가 세상에서 사라졌습니다
그곳엔 잘 도착하셨습니까
여전히 푸른 하늘과 구름이 자라나고
바람은 뭉게뭉게 솜사탕을 뭉칩니다
홍시 한 입 베어 물던 그 여린 미소
아직 잊지 못합니다
"간절한 기도가 필요하네…"
"살아가는 동안…"
같은 하늘 아래 평화가 되고 싶다 하셨지요
이승과 저승의 경계를 넘나드는
새가 되고 싶다 하셨지요
문득 무심히 떠다니는 구름과 바람처럼
홀연히 오시어요
드들강은 오늘도 핏빛으로 물이 듭니다
강물소리 찰랑찰랑 디디시며 오시어요
동백 꽃잎 둥. 둥. 띄워
막걸리 한 사발 올리겠습니다 그날처럼

강경아 2013년 『시에』로 등단. 시집 『맨발의 꽃잎들』 등.

세월

— 주영국 시인을 추모하며

조현옥

당신이 가고
몇몇 해
우리는 당신의
그리움 속에서 살고
당신이 가고
몇몇 해
우리는 당신의
시집 속에서 살고
어느 흐린 주점 앞
불빛에 다다르면
당신이 더
그립지 않겠습니까.
그 지독했던 가난과
고독이 이제 세상에
들꽃으로 피어
어느 해질녘
함께 흔들리면
더 기쁘지 않겠습니까.
이제 아무리 힘들어도

우리는 하나도
아프지 않겠습니다.

조현옥　1992년 『문학공간』으로 등단. 시집 『무등산 가는 길』 등.

슬픔의 농도

— 시사 예보가 주영국

김옥종

몸에서
당신의 생에 육향이 깊어지자
소금을 뿌려 주었어요
부라우닝을 위해서 양파처럼 약불에
애정을 깔고 덖어
염도를 1,0으로 맞추는 일,
슬픔은 삼투압으로
당신과의 같은 농도가 되기 위해
흘린 땀이었어요

당신을 볶고 나서 소금간을 했다면
지지고 볶고 깨소금 나는 시절은 없었을 것이에요

추억하는 것도 이와 같아서
양념은 순서를 지켜야하는 것이지요

농도를 느끼는 짠맛은 글쎄요

성아! 내 눈물 한번 맛보실랑가

김옥종 2015년 『시와경계』로 등단. 시집 『잡채』 등.

구름 위 집 한 채

한영희

광주전남작가회의에 무소의 뿔처럼 문을 두드렸을 때
서러운 내 손을 잡아 주었던 사람

"시 쓰는 날씨 디자이너
진보적 시사 세평자"

족집게 예보관으로
구름 위 비밀의 숲에 집 한 채 짓고 해 달 별들에게
그날그날의 비 구름 바람 기온을 알려줄 것만 같은

정의와 책임감으로 불타오르던 시인
삶은 달걀을 먹을 때마다 체 게바라 생각으로
목이 멘다던 시인

비로소 완성된 우주의 공간에서
체와 마주 앉아 못다 한 혁명을 노래하고
염화미소로 두 주먹을 불끈 쥐고 있겠죠

한영희 2018년 『투데이신문』 신춘문예로 등단. 시집 『풀이라서 다행이다』 등.

망월동 미네르바

― 시인 주영국 형을 그리며

이철경

해마다 열리는 망월동 민주묘지 행사에서
김남주 시인을 만나고 돌아오는 길,
어느 해부터 구묘지 지키는 부엉이 소리 듣고자
전국 문인들 민주성지 빛고을 찾아갔었지

지혜의 여신인 아테나의 부엉이처럼
현실에 발을 딛고 이상을 향하던 의지의 초상은
혼란한 밤이 오면 깨어 민주 세상을
염원했던 미네르바 눈빛을 잊지 못하네

광주항쟁을 되뇌며 순배에 난상토론하다
「학살」의 김남주 시인처럼
동학혁명의 전봉준 장군처럼
광장에서 분노의 소리로 울부짖던 미네르바는
언젠가부터 우리 곁에서 사라졌다네

시를 빌어 욕망을 취하던 자들의 질투로
분란의 싸움에 휩싸이기도 했던
잠들지 못한 부엉이 머리는 끝내 큰 날갯짓 후,

175

더 이상 시인의 소리 들을 수 없었네
다시 오지 못할 머나먼 곳으로 날아갔다네.

이철경 2011년 『발견』으로 등단. 시집 『한정판 인생』 등.

형아,

— 고 주영국 시인에게

이상범

어의도에 자란
가난의 푸른 꿈 이고 뭍으로 건너 온
눈망울이 바다 같았던
소년이었지

독전기 들고
불의를 척결하고자
홀로,
시대의 아픈 강을 긴너 간
체 게바라 품은
의인이기도 하였지

송정리 시장통 어디메서
미더운 봄이불 한 채 들쳐 메고
꽁냥꽁냥 마누라 간지럼 태우던
봄날 같은 까까머리 섬 머슴아
기상대 원사의 별까지 올라 간
우직한 참 군인이기도 하였지

부엉이와 만연필을
막걸리 맹큼이나 좋아했던
서정의 시가 죽었다고 핏대를 세우던
날개 꺾인 새를 데불고 와
점을 쳐주기도 한
맛깔 난 시의 맛을 우려낼 줄 아는
심성 고운 수수꽃 시인이었지

어쩌자고 곡진 기억만 남기고
기별도 없이 가버렸을까
후미진 선술집 술잔에 어리는
보내지 못한 슬픔이
추억으로 웃자라 별빛으로 지는데
하냥하냥 아프게 찔레꽃도 피는데

미운 사람 잘 가라 형아…

이상범 2020년 『시와사람』으로 등단. 대표작 「봄, 부고」 등.

세상의 강물 위에서
— 주영국 시인을 그리다

성미영

핏빛 노을의 비유를 읊던
드들강 징검다리 위
이젠 함께 서 있을 수 없습니다

물속에 잠긴 징검돌이 보이지 않아도
뒤따라 건너고 싶던 그 강에서
흘러가버린 강물만 하염없이 바라봅니다

세상 어디에선가 누군가에게 일어나는 모든 불의
부릅뜬 눈으로 지켜보라던,
당신이 꿈꾸던 별, 체 게바라를 좇아
여전히,
어딘가를 누군가를 향해 흐르고 있겠지요

안개 자욱한 세상의 강물 위에
추상처럼 써내려간 당신의 시 한 줄이면
잠시라도 눈앞이 맑아질 텐데…

먹구름 서서히 걷히는 산하, 함께 바라본다면

국밥에 쐬주 한 잔 기울이며
발밑에 걸린 일상의 애로쯤
사소하게 만들어버렸을 텐데…

예견이라도 한 듯 문득 찾아와
짓물러진 추한 모습 싫어
절정일 때 툭 떨어진
동백꽃 송이 송이 술잔 위에 띄우던
당신,
언제나 어디서나 절정의 동백으로 웃고 있습니다

성미영 2017년 『광주전남작가』로 등단. 시집 『북에 새기다』 등.

영국이 오라버니

오하린

어이, 동생!
잘 있느냐며 안부를 물어오던 날
아프다고, 맘이 아프다고
난 그저 또 체 게바라 생각하느냐고 핀잔을 주었었는데
다만 예후가 안 좋다는 말만 들었었는데

먼저 간 누이 따라
요단강 건너가기 위해
병상에서도 새점을 치는지
그날 아침 베란다에서 새들의 눈빛 붉어지더니
핸드폰에서는 부고 문자가 꿈틀꿈틀 울었습니다

그 후로 내게도 새점을 치는 버릇 하나 생겼습니다

2022년 10월 16일 일요일 아침,
그렇게 요단강 건너간 후로는
내가 보낸 엽서는
아직 당도하지 않았는지
답장은 오지 않은 지 오래되었습니다

이제는 오라버니 생각 잊기로 했는데
딸이 근무한다는 순천 어느 은행 앞을 지날 때면 문득
맥없이 오라버니 생각에 눈물 납니다

영국 오라버니!
그곳에서 잘 계시는지, 몸보다 맘이 더 아프지는 않은지
오늘은 제가 먼저 안부를 묻습니다

어이, 동생하고 부르는
다정했던 그 목소리가
환청으로만 아프게 들리는 푸른 여름날입니다

오하린　2006년 『사람의 깊이』로 등단. 시집 『12월의 버스 정류장』 등.

새점을 치러 떠난 시인은

문은희

새점을 치러 떠난 시인은 아직 돌아오지 않았다
그동안 우리가 보았던 말년의 대부분을 보내던 운암동 예술
회관이
예술의 전당으로 바뀌어 버렸는데도
아직 미소 짓는 얼굴이 예술회관 계단에 남아있는데도

작가회의 사무실 올라가는 예술회관 높은 계단은 알고 있을
까
어지러운 세상을 향한 강렬한 연민을 토해내던
그 눈빛을, 새점을 치던 시인을

휠체어에 앉은 모습으로
좋아하던 형을 맞이했던 병문안 자리에서
자신도 모르게 벌떡 일어섰던 모습이
내가 보았던 그의 명장면 중의 하나였는데

다음 달에 보세나!
손수 만들었던 카톡방은 아직도
거기 기다리고 있는데

꾹이 오라버니의 점사는 언제나 끝나서
다시 말갛게 웃는 얼굴로 오시려는지

내일을 여는 시인의 길 앞에서 겸허히
옷깃을 여민다.

문은희 2024년 『광주전남작가』로 등단. 대표작 「고래의 손」 등.

마추픽추를 오르며

강희정

어쩌다 세상 한가운데 자리를 잡고 수수께끼 같은 삶 살다 갔을까

누가
그의 뉴런에
세상과 이별할 씨앗 하나 심어 놓았을까

가슴에 싱크홀이 나타났다

암막 안으로 달아나는 사람의 옷깃을 찾아내는 수리 같은 매서운 눈동자로
때로는 갑옷을 입고 진군하는 용사처럼

금방이라도 닿을 듯 셔벗처럼 부드러운 목소리가
실연당해 우는 어느 여인 곁에 일그러져 뜨겁게 분노하는 친구로

옛 성의 주인이 나타나 주길

빛 잃은 별은 자기 모습을 기억하지 못하는 걸까
잃어버린 도시의 잉카인같이

강줄기가 생길 것 같다
추억이 생생하게 흐르는

강시인, 드디어 시인이 되었구나!
해맑은 웃음 지으며 술잔 기우는 소리가
금방이라도 터뜨릴 그의 폭소가 가족을 친구를 왕국을 허물
처럼 벗어놓았다

흙을 다져 성벽을 허물고 쌓은 60편의 시간

새점을 치는 저녁*으로 쓸쓸하게 왔다가
새벽 소나기처럼 조용히 사라진 공중 도시를, 우리는

시인이라고 불렀다

* 주영국 첫 시집.

강희정 2022년 『광주일보』 신춘문예로 등단. 대표작 「조용한 시간」 등.

회억(回憶)*

한경훈

1

둑방 끝에서 소풍은 끝났다. 되돌아온 건물은 벚꽃에 묻혀
있었다. 얼굴에 저녁이 새겨질 때, 일찍 사그라지는 것들은 다
서럽게 환한 걸까. 그는 길 안과 밖의 세계가 자신과 멀어지고
있다는 사실을 어렴풋하게 느끼고 있었다. 자신은 빨리나 늦
게, 언제 죽으나 별 차이가 없다고 했다. 필멸의 것일 우리 열
정과 관계는 연민에 싸여 보일 것이라고 그가 말할 때, 위태로
운 길 위에 빛 환한 그가 혼자 서 있는 것을 나는 보았다. 모든
것이 단추를 잠갔다 푸는 것처럼 쉬웠다.

프로그램된 시간이 홀로그램에 서 있고 라벨링 없는 미립자
가 바람 속 사이버에 있다. 거리의 사람은 무게가 없다. 시공
간에 경계도 없다. 오늘이 내일이다. 시계가 흔들린다. 바늘이
요동친다. 추락한다. 그리고 아득한데 잠이 든다. 그래. 우린
속임수지, 순환될 미립자지. 선택과 자유도 없지. 시간의 압흔
그가 없는 사후를 말한다. 생과 사는 이를테면, 바람이 몰아치
는 현상과 같은 것이지.

2

창을 열면 모두가 바람이었다. 중력은 시공간의 휘어짐이라 다혈질 흑담즙질 점액질은 서로 끌렸고, 우리는 거기 감성계에 번진 흔적이었다. 새로운 공간에서 새 물질은 허무와 진공이 낳아주었고 그래 선험 체험이 가능한 물상 풀벌레들이 높은 음색으로 살 수 있었다. 지금까지 그가 만져온 것은 압흔이었다. 숨결은 바람이 되고, 환형 그것은 중력이 부려놓은 속임수였다.

3

물 위에 서 있는 너는 지금 물방울 같은 그런 것인지, 그렇다는 내 여객의 한 슬픔은 또 누구의 것인지, 그와 사람들이 가여웠다. 한 번도 가보지 못한 곳, 이 계절 뒤가 궁금하다던 남자의 울음을 보았다. 우울했다. 다가서서 만져보면 정체를 알 수 있었을 것인데, 그 저녁에 나는 단지 수척한 얼굴만 쓰다듬고 있었다.

그때, 그 계절 뒤에도 없을 관계를 생각하면서 순간 나는 추웠다. 턱을 덜덜 떨고 있었다. 나와 그, 아니 모든 사람이 처음으로 가엾지 않았다. 가여운 것은 그가 아닌 우리의 관계였다. 다시 살아본들 모든 관계는 따분한 시간에게 사형을 당할 것이고 언제 어디서나 일어나는 이 비극이 무심한 태양과 별에게 무슨 중요성이 있겠는가만, 남들이 다가갈 수 없는 슬픔과 불운에서 해방감을 느끼며, 그 순결함의 아쉬움을 느끼며 나는 처음으로 말 없는 시간과 관계에게 마음을 열었다.

4

항구가 내려 보이는 집. 섬처럼 남은 어머니. 그래, 우리가 선택한 것이 우리를 이루겠지. 그가 선택당한 것들이 그를 이루겠지. 용감하게 이 세상을 벗어나 모두 영원한 잠에 잠길 때, 나는 그의 꿈속 연극에 어떤 배우로 등장할까. 그가 살아보지 못한 곳에는 아쉬움과 한숨이 남아 있겠지. 그의 부재는 애가(哀歌)가 되겠지. 소리가 멀어지고, 나는 바람이 부는 곳으로 휜다. 밤과 사람이 짙어지고 적막이 더할수록 추념은 무겁다. 휘어짐은 획득이므로 나는 더 걷고 싶다. 그 바람 쪽으로.

5

그날, 고통을 보면서 동정을 드러내지 않고, 겉으로 두려움

없이 직시하는, 반대편에 어떤 얼굴이 있었다. 그리고 숙명의 그 울림이 그에게 하지 못한 말이 있었다.

괜찮아… 어떤 길에 서있든… 우리는 바람인걸.

---

* 바람의 나라 주영국은 신안 어의도 사람이다. 급성 난청인지 "무음의 거울 속에 혼자 있던 적"이 있다고 했다. 젖은 데를 내려보며 밀려오는 어둠을 애써 밝히고 있었을 텐데, 은빛 각오가 시름을 가르고 있었을 텐데, 먼 생을 무심히 물어오는 사내의 눈에 눈물이 있었다. 나는 처음과 마지막 그의 주치의였다. 시작과 끝을 알고도 모른 척했던 내가 원망스럽다고 했다. 쓸쓸해 보인다고 그때 말할 것을 나는 하지 못했다.

한경훈 2020년 『광주전남작가』로 등단. 시집 『귀린』 등.

천국으로 보내는 편지

박신영

오늘은 아침햇살이 참 따뜻하고 부드럽게 창을 비추네. 우리 아우님의 세상도 이렇게 따뜻한 햇볕과 부드러운 바람이 불거야.

자네가 떠난 자리 잘 지키며 나는 평안히 지내고 있으니 이제 걱정 마시게.

생각 나네. 자네가 내게 했던 말들이…

인간은 외로움에 사무치면 책을 보고 시를 써야 한다고 자네는 내게 말했었지. 하여, 책을 보고 시를 쓰는 것도 중요하지만 사람은 사람을 만나고 접하고, 또 뭔가를 추구하고 이루고 도전하면서 그 외로움을 달래며 사는 거라고 내가 말을 보탰어.

살면서 입 밖으로 나오지 못하는 말들이 결국은 글로 빚어지기도 하지만 사람은 누군가에게 무슨 말이라도 해야 하는 거잖아. 그 말의 씨앗이 누군가의 마음에 떨어져 싹이 트고 또 자라 여물기도 하지만 무심코 뱉은 한마디가 상대한테 큰 상처가 되기도 하지. 글도 마찬가지고.

성품이 대쪽 같은 자네는 입에 힘을 주어 내게 말했어. 누님 전 옳지 않은 것을 보면 그냥 화가 나요. 나도 그래. 그래서 정의로울수록 현실은 불리하다고 하지. 그래서 자네는 정의에 죽고 정의에 산다며 목소리를 높였어. 그러면서도 속은 한없이 여린 자네는 누군가에게 조그마한 도움이라도 주고자 늘 애를 썼었지.

누님 저는 시를 쓰며 내 거칠어진 심성을 다듬고 정화시키는 중입니다. 또 내가 시를 쓰는 동안만큼은 살아 있음을 확인하는 실존의 시간이라고 생각해요.

지금 생각해보면 뭔가를 추구하고 그걸 위해 연구하고 찾고 하던 시절이 가장 행복했던 것 같다며 술잔을 기울이던 자네 모습이 생생하네 그려. 뭔가 보람 있는 일을 하지 않고 놓치는 것도 시간을 낭비하는 것입니다 누님. 보람 있는 일이라, 그게 무엇이지 하는 내게 자네는 내가 쓴 한 줄의 시 때문에 누군가가 행복하다면 또 공감한다면 그게 보람 있는 일이 아닐까요. 자네는 사실을 바탕으로 공감이 가는 시를 많이 쓰잖아. 이를테면 자네의 시 중 「아버지의 도장」이란 시를 읽으며 나 또한 아버지 생각이 나 빙긋이 웃었어. 우리 아버지도 빚보증 잘못서서 가족이 힘 들었거든. 그래서 어린 날, 어머니의 등에서 보았던 세상은 참 신비로웠지만 그 세상을 살면서 때로는 아프고 슬프고 고단했었어. 그렇다고 어찌 기쁨인들 없었겠는가. 하지만 세상은 어머니의 등에서 보았던 것처럼 신비롭지만은 않았던 것은 사실이었네. 그래요. 어릴 적에 어머니의 등에서 보았던 세상은 아름다운 꿈만 꾸던 시절이었으니까요.

그랬지 그랬어.

그래요 누님, 살면서 내게 오는 것들은 다 이유가 있어서 온다는 생각이 들어요. 내 몸이 병들어 힘들 때는 별 생각이 다 들었는데 그 때문에 또 내 삶을 되돌아보는 시간을 가졌던 것 같아요. 그래서 시를 짓고 또 살아있는 것에 감사하기도 하고요.

지역 후배이기 전에 글을 쓰는 사람으로 이 시점에서 인연의 고리가 이어진 것도 다 이유가 있을 거야.

신은 참 현명한 분이시잖아요. 제가 신안의 후배로서 가끔 누님의 위로가 되어주는 사람이라면 누님은 내게 새로운 또 하나의 세상을 보여준 분이십니다.

그리고 모임 때면 누님이 늘 만들어 오시던 음식들 정말 맛있었어요. 언젠가 신안에서 민어회를 가져와 아는 찻집에서 질펀하게 펴 놓고 먹던 기억, 도시락을 싸와 영국아 너는 몸이 아프니 잘 먹어야 해, 하며 내밀던 그 손길 잊지 못하지요 누님.

어느 날 내가 웃고 있어도 눈물이 난다는 가사처럼 나도 마음이 아픈 사람이라네 동생. 그렇게 가슴을 짓누르지 마시고 글을 통해 마음을 풀어내고 덜어내며 이제 평안해 지십시오 누님. 누님의 글은 모든 사람에게 의미를 심어주고 감동을 불러 일으켜주며 또 하나의 가치를 부여하는 좋은 메시지가 되고 있습니다, 하던 자네의 고운 말들이 오늘따라 새록새록 기를 쓰고 일어서네.

가끔 아주 가끔은 몸을 조심히 다루어야 하는 자네에게 술을 좀 줄이라고 말하면 자네는 말없이 술을 반만 채워 마시곤 했지. 그러면서 술보다 좋은 음식이 어디 있을까요 누님. 전 술을 마실 때가 가장 행복합니다.

그러던 어느 날 어디냐고 묻는 내게 자네는 조금 몸에 이상이 생겨서 병원이라며 괜찮으니 걱정하시 마시라고 하더군. 곧 퇴원할 것이니 그때 막걸리 한잔하자면서. 그래 그러자며 전화를 끊고 자네를 잘 아는 지인에게 자네 몸 상태를 물었지. 가슴이 많이 아팠지만 그래도 자네 말처럼 누님 빨리 나아 막걸리 한잔하시게요 하던 그 말을 더 믿었어. 가끔 전화하면 많이 좋아지고 있다는 그 말을 말일세. 그러다 어느 날부터 자네는 전화도 받지 않더군.

자네의 몸을 노리던 그 거칠고 인정 없는 병마는 한 시대에 의미 있는 글을 쓰기 위해 손에 움켜쥔 펜까지 꺾어 버렸지.

그렇게 아우가 바라던 빛을 삼켜 먹은 어둠은 끝내 자네를 다른 세상으로 유인했고 자네는 수많은 언어들을 가슴에 가둔 채 침묵을 고집하며 그 길을 순순히 따라가고 말았어.

사랑하던 아내와 그 고운 자식들을 세상에 놓고 가는 그 심정을 어떤 언어로 표현할까. 남아 있는 식구들의 통곡은 절규에 가깝고 우린 그런 자네를 기꺼이 보내며 아픈 통증을 가슴에 담아야 했지.

그렇게 떠나버린 자네는 지금까지 나와 했던 약속을 지키지 않는군. 괜찮다고 많이 좋아졌다고 퇴원해서 막걸리 한잔하자던 그 약속 말일세.

소중한 사람을 잃고 난 후에야 탈 없이 눈을 뜬 오늘을 우린 감사하며 살고 있다네.

이제 그곳에서는 통증 없는 몸으로 새처럼 가볍게, 꽃처럼 환하게 웃으며 좋은 시 많이 쓰며 행복하게 지내고 있겠지.

오늘은 천국으로 보내는 편지를 쓰는데 왠지 슬픈 마음을 위로라도 하려는 듯 하늘의 구름마저 유난히 처량하네. 천국에서 잘 있게 내 동생 영국이.

박신영 『농민신문』 신춘문예로 등단. 소설집 『아름다운 약속』 등.

제7부

주영국론

가슴속 더운 비밀을 세상에 붉게 터뜨리고 싶은

— 주영국 시집 『새점을 치는 저녁』을 읽고

김 완(시인, 광주평화포럼 이사장)

"시집도 없는 시인은 시인이 아니다."라며 놀려먹던, 오래 기다려온 주영국 시인의 첫 시집을 읽었습니다. 각 부마다 15편의 시를 수록하여 4부 총 60편의 시로 구성되어 있습니다. 국제정치학을 공부한 사람이여서 그런지, 시력이 오래되어 그런지 알 수 없지만 보통 첫 시집에서 보이는 언어의 발랄함, 신선함, 감정의 커다란 진폭, 두근거림, 설렘은 보이지 않고 감정을 곰삭혀 잘 숙성시킨 언어와 시를 이끌어가는 탄탄한 구조로 절제된 힘을 시편마다 고르게 보여주었습니다. 주영국 시인의 시에서 이런 경향성은 오랜 세월 하늘과 구름을 보며 공군 기상대에서 기상을 예측하는 일을 해온 시인의 직업과 무관하지 않은 것 같습니다.

도화(桃花) 꽃잎 하나에도 피가 도는 나의 거시기 훑어 내리며, 자결을 했어야 옳다고 말하는 사내들의 반론을 생각하며 사마천을 읽다 역사에 대해 말하기를 노 형(兄)은 술에 취한 칼의 노래라 했고 인도로 간 아우는 읽지 말라고 했다

꽃대 없는 사내 사마천에게로 뒤척이는데

술에 취한 노 형이 또 전화를 걸어와 인도에서 아우가 길을 잃었다고 했다.

—「사마천을 읽다」 전문

어떻게 사는 것이 옳은 것인지 시인 스스로에게 질문하고 있는 시입니다. 치욕은 아름다운가요? 치욕을 견디며 사는 일이 시를 쓰는 일인가요? 사마천의 나이 48세 되던 해 남자로서 가장 치욕스러운 궁형(宮刑 : 생식기를 제거하는 형벌)을 받았습니다. 치욕을 참고 견디며 옥중에서도 저술을 계속하여 『사기』를 완성한 역사가입니다. 시인 자신의 마음을 드러내지 않고 사내들의 반론, 노 형이나 동생의 말을 빌려 시를 마무리 합니다. 무언가 조금 여운이 남아 있는 느낌의 시입니다. 일상에서 매일 부딪히는 사소한 문제를 역사 속까지 확장시켜 어떻게 사는 것이 옳은 길인지 동시대를 사는 우리 모두에게 묻고 있는 시입니다. 질문을 던지는 이런 시가 참 좋습니다. "혁명도 결국 살자고 하는 것인데,"라는 「체 게바라 생각」, "모욕은 견딜 수 있어도/배고픔은 끝내 참기 힘든//생존의 밥"(「밥」)에서는 치욕을 견디며 사는 것이 생존의 밥에 우선할 수 없다는 것을 보여주기도 합니다. 시는 '위기지학'이다지요. 그래서 자기를 닦는 공부입니다.

"목과의 향기를 맡으며 행복했던/소년은/이제 시집을 읽지 않는다."(「목과」)라는 소년은 따뜻하고 건강한 시선으로 사회에서 소외된 이웃들을 살피는 배가 튀어 나온 지천명의 나이가 되었습니다. 신경림 시인의 「파장(罷場)」을 연상시키는 "열무 두 단에 오백원/자신의 남루한 생까지도 모두/털어버리겠다는 듯/떨이를 외치는 굽은 등 뒤로/소망약국, 파장의 셔터가 내려진다."(「파장」)에서는 허리 굽은 할머니를 통해 장날의 쓸쓸한 풍경을 이 시대에 맞춤하게 리얼하게 그리고 있습니다. "낙타봉에 올라 깡통맥주를 마시며/지천명을 지난 친구의 나온 배를/툭, 건드리며 우리는 길게 가자고 했다/불혹이든 지천명이든 세상이 꾸며낸 말에/휩쓸리지 말고, 낮으면 낮은 대로/높으면 높은 대로 산의 나무처럼/높낮이를 다투지 말자는 친구의 말 뒤로/노안의 너른 들이 산 아래 푸르게 잠겨 있다."(「금성산 오르며」). 시간은 참 힘이 세지요. '목과의 향기를 맡으며 행복했던/소년은' 어느새 지천명을 지나며 '세상이 꾸며낸 말에/휩쓸리지 말고, 낮으면 낮은 대로/높으면 높은 대로 산의 나무처럼/높낮이를 다투지 말자'라고 합니다. 노자의 도덕경 8장에 나오는 물은 온갖 것을 이롭게 하면서도 다투지 아니한다는 '상선약수(上善藥水)'를 지향하고자 하는 시인의 아름다운 마음을 엿볼 수 있습니다.

달빛을 먹은 바다가
가는 삿대에 찔릴 때마다 튄다

은색 물고기처럼 퍼덕이며 뛴다
달빛에 눈을 찔린 숭어가
배의 난간을 향해 튀어 오르는 저녁
함정은 언제나 빛의 뒤안에 있다
빛을 그리워한 결과는 참혹하다
숭어들이 뛴다
뱃전의 그물 위에서도 뛴다
숭어를 망태기에 담으며 셈을 하는
삼전을 다 겪은 노련한 어부
운명은 늘 교차의 지점에서 바뀌는데
달의 아가미를 따라
다시 그물이 내려진다
삼마이 그물이 달빛 아래 펴진다.

—「숭어잡이」 전문

섬마을 출신답게 숭어잡이 하는 풍경의 묘사가 생생하고 탁월합니다. 숭어는 우리나라 전 연안에서 흔히 볼 수 있는데다 맛이 좋아 오랜 세월 동안 어민들의 삶과 함께 애환을 함께 했습니다. "달빛에 눈을 찔린 숭어"는 욕망을 쫓아가는 인간들과 다르지 않습니다. 빛(=욕망)을 그리워한 결과는 참혹합니다. 함정은 항상 화려한 조명 뒤에 숨어 있습니다. "삼전을 다 겪은 노련한 어부/운명은 늘 교차의 지점에서 바뀌는데" 번뇌(=탐진치)를 다 겪은 어부는 누구일까요? 어부의 마음을 지닌 시인인가요. 빛과 어둠의 교차점에서 운명이 바뀌겠지요. 어부들에

게는 달의 그림자(=그늘)가 하루하루를 살아가게 하는 건강한
힘이 될 것입니다.

　　　새점을 치던 노인이 돌아간 저녁
　　　공원의 벤치에 앉아 나도 새를 불러본다
　　　생의 어디에든 발자국을 찍으며
　　　기억을 놓고 오기도 해야 하였는데
　　　난독의 말줄임표들만 이으며 지내왔다
　　　누군가의 경고가 없었다면 짧은
　　　문장의 마침표도 찍지 못했을 것이다

　　　생의 뒤쪽에 무슨 통증이 있었는지
　　　진료를 받고 나와 떨리는
　　　손에서 노란 알약을 흘리고 간 사내

　　　산월동 보훈병원 302호실
　　　노란 알약을 삼킨 날개 다친 새들에게
　　　마지막 처방전을 써준 김 원장이
　　　사직원의 파지에 새를 그리고 있다

　　　내일은 그도 저무는 공원에 나가
　　　새점을 칠지 모른다
　　　누군가 흘리고 간 노란 알약에서
　　　새점을 치던 저녁을 떠올려볼지 모른다.
　　　　　　　　　　　　　　　　　　　—「새점을 치는 저녁」 전문

시인이 우연히 들른 공원에 저녁이 찾아온 모양입니다. 새점을 치며 하루 벌이를 하던 노인이 돌아가고 빈 벤치에 앉아 시인은 새점을 치던 새를 불러보며 생각에 잠깁니다. "생의 어디에든 발자국을 찍으며/기억을 놓고 오기도 해야 하였는데" 돌아보면 "난독의 말줄임표들만 이으며 지내왔다"며 시인 자신을 되돌아봅니다. "난독의 말줄임표들"은 무엇일까요. "가슴속 더운 비밀"을 터트리지 못한 망설임 같은 것일까요. 문장의 마침표를 찍게 만든 "누군가의 경고(=인연)"를 떠올리며 산월동 보훈병원 302호에서 그를 만났던 상황을 머릿속에 그려봅니다. 생의 뒤쪽에 통증이 있어 나온 사내는 노란 알약을 흘리고 갑니다. 사내도, 그 노란 알약을 삼켜 날개 다친 새들도 처방전을 써준 김 원장도 모두 앞날을 예측하기 쉽지 않는 불완전한 존재들입니다. 사직서의 파지에 새들을 그리고 있는 김 원장도 불안하기는 매한가지입니다. 현대인들의 서글픈 초상이지요. 하늘, 구름과 바람의 색깔을 보며 기상대에서 일기예보를 하던 시인은, 예측하기 힘든 불안정한 삶을 살고 있는 사람들의 앞날을, 새점에 의지하여 예측해보는 그 저녁을 그리워하는지도 모르겠습니다. 표제시인 이 시에서도 화자의 개입 없이 담담하게 남의 말들이나 묘사를 통하여 시를 끌고 가는 시인의 경향성이 잘 나타나 있습니다. 시인이 쏟아지는 우박처럼 "가슴속 더운 비밀들(=붉은 꽃들)"을 터트릴 때는 언제일까요. 시 「북제주에서」에서는 기상예보관으로서 쓸 수 있는 적절한 말들을 선택하여 무거운 주제를 경쾌하게, 귀양 온 선비들의 한과 혁명과 역사를 되돌아보게 한 뛰어난 작품입니다.

4부에 실린 시들은 모두 고향과 가족들에 대한 시입니다. 월남전에서 돌아온 형의 알 수 없는 가려움증, 알 수 없는 방언과 죽음을 그린 「어머니의 단층집」, 일찍 돌아가신 아버지와 할머니에 대한 그리움을 노래한 「망운익 설(雪)」, 「벌초」, 「아버지의 도장」, 「배롱나무 꽃」 등이 가족사를 통하여 고달프게 살아왔던 삶의 흔적들을 절절하게 들려줍니다. 「길만이 형」 시에서는 살기 팍팍한 고향 마을의 아픈 이야기들이 가난한 민중들이 살아온 보편적인 정서로 다가와서 우리를 슬프게 합니다.

'시는 욕망의 꿈틀거림이고, 불화(不和)의 부르짖음이다(이성복)'라고 합니다. 첫 시집에서 이런 감정의 솔직한 고백 없이 너무 단정하고 탄탄한 시들만을 독자들에게 선보인 시인에 대한 아쉬움과 기대가 교차합니다. 얼마 전 제19회 김남주 문학제에서 낭송한 근작시 「아프리카에서 온 죄목」의 시를 보니 시대를 읽는 눈이 시퍼렇게 살아 있었습니다. 눈치 보지 말고 자신만의 언어로 세상을 견디며 건너가는, '가슴속 더운 비밀을/세상에 붉게 터뜨리게' 되기를 기대합니다.

(『광주전남작가』, 통권 제25호, 2019)

불가역성을 초월하는 주영국 시의 주체성과 서정성
— 주영국 시집 『새점을 치는 저녁』을 중심으로

김윤환(시인, 백석대 대학원 기독교문학 전공교수)

시는 언제나 상처가 선명하게 보이는 풍경을 찾아 간다. 상처가 있기 전의 고통을 다시 소환하여 고통의 절정을 관통하여 아득한 인연마저 해체하고 그 풍경을 감싸 안는 서정의 순환기능을 갖고 있다.

우리들의 삶은 언제나 모순과 불모의 상처를 견디고 자신의 존재를 인식하며 살아간다. 시인이 시로 옮겨 놓은 상처들의 내면은 아무리 그려도 그려지지 않는 무채색일 때도 있고, 아무리 지워도 차마 지워지지 않는 견고한 어둠이기도 하다. 그렇지만 시인은 그 거친 생채기 위에 연고를 바르는 시간과 기억의 한계를 넘나드는 언어의 사제들이다. 또한 인간의 존재론적 기원과 함께 현재에 이르기까지 사라지지 않는 주변의 상처를 심미적으로 재구성하기 위해 고통의 미메시스(mimēsis)를 동원하며 치유적 상상력을 작동시키는 제의를 행하는 것이다.

사실 시간과 풍경은 누구에게나 공평하게 주어진 객관적 실체가 아니라 살아있는 존재만이 경험되는 주관적 실체일 것이다. 우리는 누구나 자신만의 시간과 경험을 갖고 있는 것이다.

주영국의 시에서는 소멸의 징후와 생성의 희원(希願)이 동시에 교차하는 환유의 언어 예술이 잘 드러나 있다. 시인은 자신의 내면에 새겨진 흔적들을 통해 비록 불가역적 시간을 넘어 심미성이 빚은 상상력을 보여주고 있다.

먼저 시 「피라미처럼」을 감상해보자. (1행씩 행갈이 하는 시이지만 서평의 편의에 따라 띄우지 않았음을 양해 바람)

흐린 날 송산유원지에 가서
부르튼 발 간질이는 피라미들이랑
이리 채이고 저리 휘둘리는
내 피라미 같은 생의 이야기를
극락*의 강물을 따라 나도
어디로든 흘러가고 싶어지는 오후
검고 큰 차에서 내린 사람들이
서쪽의 어등산 쪽 한참이나 바라보다가
피라미 같은 생을 깔깔거리고 있다.

* 극락강은 영산강의 지류

—「피라미처럼」 전문

시인이 발견한 시적 대상인 '피라미'의 현실적인 시간과 공간은 극락강 흐르는 강물이지만 강 밖의 흐르지 않는 인생으로 '피라미'가 이동하는 것을 볼 수 있다. 특정 시공에 갇힌 것을 설명하기보다 '부르튼 발 간질이'고, '어디로든 흘러가고 싶'은 '검고 큰 차에서 내린' 인생들이 마침내 서쪽 어등산을 한참

보는 '피라미의 깔깔거림'을 중첩시킴으로 시적 주체성이 이동하는 것을 알 수 있다. 맑은 날보다 흐린 날에 강을 찾아 해지는 서쪽 산등성이를 바라보는 인생을 향해 강 너머의 검고 큰 차(車)의 가벼움을 역설로 노래하는 것이다.

혹자들은 시가 낯설음을 사랑해야 한다는 이유로 놓쳐서는 안될 삶의 풍경마저 놓치는 것을 감수하라고 말한다. 하지만 도무지 닿을 수 없는 외경(外境)의 저 끝에 있는 위태로이 서있는 자신을 바라보는 시적 유희야말로 시의 주제이자 대상인 사람이 앉아야 할 자리가 아니겠는가. 이처럼 주영국의 시세계는 시가 반드시 품고 가야 할 서정성을 놓치지 않고, 시인만의 토속적 심미안을 잘 보여주었다.

이어서 보는 작품 「감꽃 지다」도 마치 별개인 듯 분리되지 않는 시간에 대한 시인의 단상이 잘 나타난 시다.

> 예초기 날에 개구리가 날아갔다
> 잘린 풀에서는 여자의 냄새가 났다
> 초경을 시작한 여자 아이의 냄새였다
> 불행은 예고되지 않아서 더 불행하다
> 잔돌이 여기저기로 튀고, 수유를
> 마친 풀들이 어지럽게 잘리며
> 함께 울며 아우성을 지를 때도
> 불행은 예고되지 않은 것이었다
> 풀밭 어디쯤에서 장례를 치르는 동안
> 예초기의 시동을 끄고 떨어진 감꽃을 주웠다

처음부터 열리지 말았어야 할 감꽃
대개의 결론은 살아남은 자들이 낸다
국수를 삶았다며 어머니가 부를 때도
감꽃 두 개가 맥없이 떨어졌다
초경을 시작한 아이의 등을 두드려 주며
가지 끝에서 떨어지는 꽃이 더
불행하다고 풀들에게 말해 주었다.

—「감꽃 지다」 전문

　성묘의 현장에서 예초기에 희생당하는 풀들의 장례식을 보
는 듯한 풍경이다. 편익성과 힘이 과시하는 소음과 칼날에 저
항하지 않는 작은 생명들이 보인다. 잘려진 풀들에서 '수유를
마친 풀들에게서 초경의 딸'이 보이고, '떨어진 하얀 감꽃'에서
'어머니의 하얀 머리'와 '딸의 시간'이 교차되는 것을 시인은 보
여주고 있다. 지금 우리들의 인생도 무서운 날과 굉음으로 잉
여를 제거하는 편익을 좇는 모습을 돌아보게 한다. 잘 보이는
것들에 복종하는 잘 안 보이는 것들의 눈물을 발견하게 한다.
이처럼 시인의 서정성은 돌이킬 수 없는 것들마저 소환하여
시를 읽는 이들의 눈을 감게 하고 입을 다물게 한다.
　시공(時空)을 넘나드는 시인의 심미안(審美眼)을 잘 보여주는
다음 작품을 함께 감상해 보자.

　　습한 친구들과 자주 어울리다 보면
　　저수지가 있는 초지를 잊기도 한다
　　마을의 온갖 소문은 저수지로 흘러간다

때마다 지피는 아궁이의 불은
소문의 좋은 재료다
굴뚝의 연기는 바람을 따라
대부분 동쪽으로 소문을 실어 나른다

초지에 비가 내리면 집에서 기르던 소가
사람의 흉내를 내며 경을 읽었다
초지에 풀이 자라는 동안 마을의
소문도 무성하게 자라
저수지로 흘러간다
저수지의 물을 먹은 아이들은
곧 들소가 될 것이다

구름의 태생이 궁금해질 것이다.

—「들소」 전문

　이 시에는 농촌 출신이라면 떠올릴 수 있는 고향에 대한 잔상, 저수지 주변의 풍경이 담담히 그려져 있다. 저수지는 소문이 흘러들어 오는 저장소다. 저기 지피는 아궁이의 불이 소문의 재료이고 굴뚝의 연기가 소문을 실어 나른다는 시인의 상상은 마침내 기르던 소가 책을 읽고 소문의 물을 먹은 아이들은 마치 들소처럼 준비되지 않는 꼴(草)을 찾아 나설 것이다. 길을 안내하는 구름의 출발점은 바로 소문의 저수지였음을 모른 채 오늘도 들소처럼 제 꼴을 찾아 배회하는 인생이 화자의 유년이 마주하고 있는 시다. 불가역적 시공을 넘나드는 시적 상상력이 유연하게 그려지고 있는 것이다.

시의 본래적 역할은 인간의 존재의식을 절실하되 흥분되지 않게 제공하는 일이다. 흔히 나르시스와 같은 지나친 자기 몰입이나, 슬픔의 중언부언 넋두리가 아닐 것이다.

시적 주체의 자기 확인과 관념성을 넘어서는 문장의 발굴을 통해 서정적 자아와 치유적 상상력이 잘 구현되는 것으로써 인간의 내면 치유가 시가 복무해야 할 의무라는 깃을 주영국의 시에서 다시 확인하게 되는 것이다.

몇 번을 다시 읽게 된 인상 깊은 주 시인의 시「산에서 온 편지를 강에서 읽다」를 다시 읊조리며 주영국 시인의 시세계에 대한 얕은 시평을 갈음하고자 한다.

지리산에는 꽃이 피었다는데
올라갈 차편을 구하지 못했다
납작한 잔돌은 날리기에 좋지만
깎이고 닳아서 들어주지 못한 사연이 들어 있다
강물을 튕기며 물수제비로 날아간 잔돌이
죽은 물고기마냥 바닥으로 가라앉는 동안
날아간 새들의 발자국이 지워지고
강을 떠나지 못한 사람들의 말이 많아진다
더 먼 곳으로 흘러가고 싶게 하는
산에서 온 편지를 오후의 강에서 읽었다.
                        —「산에서 온 편지를 강에서 읽다」 전문

(『시와문화』 통권 제54호, 2020년 여름호)

잉*

— 주영국 시집 『새점을 치는 저녁』

이화경(소설가)

    제비도 세상의 부고를 받은 것인지 더 이상의 봄을 물고 오지 않는 세월에 집에 박혀서 주영국 시인의 시집을 다시 펼쳐 들었다. 작년에 받은 시집을 읽었으나 올해 꺼내 다시 읽었다. 시심이 사라졌는지, 문해력이 떨어졌는지, 요즈음의 시집을 읽으면 도통 이해하기 어려웠다. 다행히도(?!) 주영국 시인의 시들은 소설쟁이에겐 성장 이야기처럼 다가와서 읽기도 수월했거니와(시인이 쉽게 썼다는 뜻은 아님) 간만에 시가 주는 감동도 맛보았다. 무엇보다 2004년에 전태일 문학상을 받으며 작품 활동을 시작했으면서도 어림잡아 15년 이상 지난 다음에야 첫 시집을 묶은 시인의 시들은 그가 얼마나 잉의 지점에 도달한 작품들만 골라내려 고심했는지를 짐작케 했다. 시인과 시적 화자를 동일시하는 위험을 감수하면서 『새 점을 치는 저녁』을 재구성해보았다.

    오랜 우물 옆 벼락 맞은 대추나무를 집 삼은 도깨비들이 머리를 풀어 우물물에 감으며 사람들의 흉을 보는 뒤안의 그늘을 알아버린 아이는 베코를 친 뒤에 귀 나간 쪽거울을 보며 휘파

211

람을 불던 이발사 아비의 무릎에서 걸어 나와 소년이 되었다.

소년은 월남에서 돌아온 뒤에 몸 어딘가가 자꾸 가렵다며 충혈된 눈으로 남국행 비행운을 가리키며 이국의 방언을 중얼거리는 형을 위해 사과상자로 층층이 집을 지어 토끼를 키웠다. 월남에서 얻은 형의 열병엔 토끼간이 좋다며 어머니는 소년이 키운 토끼를 기웃거리며 소년의 눈치를 살폈다. 화투연에 날아온 꽃잎 하나를 다칠세라 치마로 받으시던 어머니는 참깨라도 팔아 이젠 막내의 무릎을 세우고 싶어 했지만 불행히도 그해는 수확이 나지 않았다.

숙제를 하다 말고 남원집 대문 앞을 서성거리며 돈 없는 아비의 외상술을 받아오던 소년은 더 이상 목과의 향기를 맡으며 행복해하지도 않고 시집도 읽지 않는 어른이 되어버렸다.

뒤안의 우물 속으로 툭, 대추알이 떨어지는 밤이면 도깨비들이 두레박 물 긷는 소리도 깊어져서 이미 말라버린 우물의 물씨 터지는 소리 하나로 열리는 허방세상을 도깨비와 함께 구경하는 어른이 된 소년은 비행장에서 구름을 읽으며 새처럼 지즐대는 아내와 숟가락 두 개로 살림을 시작했다.

석유난로에 밥을 끓이면서도 마냥 좋기만 했던 신혼부부는 봄날의 꿈을 꾸기 위해 시도 때도 없이 분홍색 이불을 덮고 잠에 들었다. 죽령을 넘어오는 바람이 창문을 흔들어도, 비행기 소리에도 분홍 꿈을 꾸던 사내와 아내는 일어나지 않았다던가.

꿈과 달리 세상은 여전히 하수상해서 길을 찾으러 인도로 떠난 아우는 길을 잃은 지 오래고, 절반도 차지 않아 넘쳐버리는 싸구려 맥주의 거품처럼 필사적으로 희망적이길 바라며 이난영의 「목포의 눈물」을 몇 번이고 따라 불러도 취하지 않는 낮술을 마시는 어른이 된 그는 문득 붉은 쇠붙이나마 들고서 뿌리 하나를 건드리고 싶었다.

술에 취한 칼의 노래라는 사마천의 『사기』를 읽기도 하고, 볼리비아의 밀림에서 붙잡힐 때 소총보다 삶은 달걀을 힘껏 움켜쥐고 있었다는 파르티잔 체 게바라 생각에 목이 메기도 하는 그는 편대에서 떨어진 겨울새처럼 시린 세상에서 시로 방점을 찍으며 살아남았다.

공군 기상대에서 오랫동안 하늘과 구름을 친구 삼아 날씨 보는 일을 업으로 삼으며 살았던 그는 구름은 지상에 묶인 가난한 사람들의 가없는 열망이며 층적운은 누구라도 뛰어내리기에 좋은 허공의 단층이라고 쓸쓸히 말하고 있다.

소년이었을 적에 그는 이미 알았던 걸까. 큰 바람이 부는 태풍 전야에 무화과나무 잎사귀를 떨게 하는 바람의 근원을, 지나간 다음에야 든 자리가 보이는 바람의 보이지 않는 무서움을, 저물녘의 술래잡기처럼 상대가 보이지 않을 때 더 두렵다는 것을…….

눈에 보이지 않는 두려운 상대를 직면해야 하는 이 사태에 대해 그는 어떤 점을 치고 있을까. 2036년의 지도 한 장을 손에 쥔 그는 '이 또한 지나가리라/모두는 시간 여행자'라고 예언하고 있지만, 생의 뒤쪽에 무슨 통증이 있었는지 진료를 받고 나와 흘리고 간 알약으로 새 점을 치고 있는 노인을 초청해서 난독의 사태를 알고 싶어 한다.

나 역시 새 점을 치는 노인을 만나기 전에, 날개 다친 새들에게 마지막 처방전을 써준 김 원장과 세상에 드리워진 구름을 독해할 줄 아는 주 시인을 먼저 모셔야 할 보양이다.

* 잉 : 풍수지리에서 정점을 이룬 곳을 뜻함.

(『광주전남작가』, 통권 제26호, 2020)

주영국(朱英局) 시인 연보

주영국 시인 – 화가 조병연 작

정리 : 이승철(시인, 한국문학사 연구가)

1962년 10월 27일(주민등록상 1964. 10. 27), 전남 신안군 지도읍 어의리 산108-2번지에서 어업에 종사한 아버지 주판섭, 어머니 김삼 임 사이에 4남(주영국 주성국 주성학 주영춘) 1녀(주미) 중 장남으 로 출생. 본관은 신안(新安).

1977년 2월, 전남 신안군 지도읍 어의초등학교 졸업.

1980년 2월, 전남 신안군 지도읍 지명중학교 졸업. 3월, 진주 항공고 등학교 입학.

1983년 2월 1일, 진주 항공고등학교 졸업 후 공군 입대. 73전대 제732 기상대대 4기상대 기상관측 하사관 복무. (음)12월 27일, 향년 46세로 부친 별세.

1985년 12월 29일~2005년 2월 28일, 73전대 제732기상대대 레이다 반 기상레이다 판독 하사관, 제733기상대대 관측반 고층기상 관측 하사관, 예보반 기상 하사관, 기상레이다 판독기사, 지 상기상분석기사로 복무. 이 기간 중 1987년 9월 1일, 중사 진 급, 1993년 상사 진급.

1988년 5월 15일 한겨레신문 창간 무렵, 역사 사회의식에 눈을 뜨고 시 창작에 본격 매진.

1989년 12월 10일, 신부 차진숙과 광주 제일예식장에서 결혼. 큰딸 주 진주(1988.1.9) 둘째딸 주다영(1990.9.1) 출생.

1992년 3월 2일, 한국방송통신대학교 국어국문학과 입학, 1994년 국 문학과 회장, 1995년 방송대 제13대 광주ㆍ전남지역총학생회 남부회장 역임. 방송대 재학 시절 '미리내문학동인회' 활동. 1996년 2월 26일, 한국방송대 국어국문학과 졸업.

2001년 3월 2일, 공주대학교 대학원 국어국문학과 입학. 공주에서 『계룡문학』 동인으로 활동.

2003년 2월 15일, 공주대학교 대학원 국어국문학과(현대문학 전공) 졸
　　업. 석사학위 논문「박봉우 시의 현실주의적 특성연구」발표
　　(지도교수 : 조재훈 시인).

2004년 9월, 전남대학교 교지『용봉』편집위원회, 광주전남작가회의
　　가 공동주최한 제19회 오월문학상 시 부문에 가작 입선(심사위
　　원 : 조진태 시인). 2004년 10월, 전태일기념사업회, 전태일문학
　　상운영위원회가 공동주최한 제13회 전태일문학상에「어머니
　　의 단층집」외 4편이 시 부문 우수작으로 입선(심사위원 : 맹문
　　재, 나희덕 시인 외). 11월 3일, 민주화운동기념사업회 교육장에
　　서 전태일문학상 수상.

2005년 계간『시와정신』봄호에 시「사마천을 읽다」외 1편 발표.

2006년 6월 15일부터 12월 11일까지 제58항공수송단 비행대대 이라
　　크 아르빌 평화유지군(상사)으로 파병돼 6개월간 복무. 해외
　　파병 유공 합동참모의장 공로표창, 이라크다국적군 감사장.
　　2008년 11월 1일, 원사 진급. 2010년 2월 1일, 제73기상전대
　　원사로 복무 중 공군참모총장(대장 이계훈)으로부터 근속30주
　　년 휘장증을 수여받음. 2011년, 국방부 주최 제10회 병영문학
　　상에 입상. 이후 2018년 4월 전역 때까지 제733기상대대 기상
　　작전관리, 제732남부기상대대 1기상대 관측반장, 공군 1전비
　　항공작전전대 기상관측기사, 고층기상관측기사, 고층기상관
　　측반장 등으로 복무.

2008년부터 2018년까지 강대선, 강만, 김경선, 김경일, 김석문, 김용
　　재, 김윤묵, 김정희, 노창수, 박판석, 박자경, 송수권, 윤영권,
　　이경남, 이흥규, 정금숙, 정연우, 조숙형, 허문정 등과 '죽란시
　　사회' 동인으로 참여. 동인지『죽란시사회 작품집』간행(시와

사람 간) 참여.

2010년 계간 『시와사람』 여름호(통권 57호)의 제27회 신인상에 「어머니의 단층집」, 「벌초」, 「봄 이불 한 채」, 「아내의 푸른 손」, 「사막에서 길을 묻다」 등 5편이 당선되어 공식 등단. 7월에 기상청의 기상예보사 자격증 취득.

2011년 광주대학교 대학원 정책협상학과 졸업. 식사학위 논문 「성매매 규제정책의 실효성에 관한 연구」 발표.

2014년 3월 3일, 조선대학교 대학원 정치외교학과 박사과정 입학.

2016년 2월 25일, 조선대학교 대학원 정치외교학과(비교정치) 박사과정 수료.

2018년 4월 30일, 35년간의 장기 군복무를 끝내고, 공군 원사로 명예전역.

2019년 1월부터 2020년 12월까지 광주전남작가회의 김완 회장 시절, 사무처장으로 선임돼 활동. 5 · 18민주화운동 40주년 기념 〈오월문학제〉 등을 성공적으로 치르면서 조직 발전과 활성화에 기여함.

2019년 10월, 첫 시집 『새점을 치는 저녁』(푸른사상사 간) 출간.

2020년 1월 10일, 서울 용산구 청파동 민족문제연구소 강당에서 민족문학연구회의 주최로 주영국 시집 『새점을 치는 저녁』 출판기념회 가짐.

2021년 9월 발병. 2022년 10월, 전남대병원에서 뇌종양 수술 후 투병생활.

2022년 10월 16일 오전 4시 30분, 광주광역시 광산구 수완행복한요양병원에서 타계. 향년 61세. 유가족으로 아내 차진숙, 딸 주진주(사위 : 김동준), 주다영(사위 : 정현호), 손주(김태인, 김여원/ 정준

서, 정예서), 형제자매(주성국, 주성학, 주영춘, 주미) 등.

2022년 10월 17일(월) 저녁 6시, '주영국 시인을 사랑하는 문인들' 주최로 광주 광산구 수완동 스카이장례식장 201호실 빈소에서 고 주영국 시인장(葬) 엄수. 강대선 시인의 사회로 주영국 시인 약력 보고(이승철), 추모사(나종영, 김완, 박관서, 이지담, 장진기, 이상범), 주영국 시인의 조시 낭송(채종국[문은희 대송]), 강대선), 주영국 대표시 낭송(서애숙 조현옥 김애숙 김채석), 유가족 인사 순으로 진행. 10월 18일 오전 8시 30분, 발인. 광주 영락공원에서 화장 후 전북 임실군 강진면 소재 국립임실호국원에 안장. 묘역번호 : 충령당(제2관) 2245307.

2025년 10월, 고 주영국 시인 제3주기를 맞아 유고 시편과 산문, 추모시와 산문, 주영국론을 한데 모아 주영국 유고시집 『구름 사내』 출간(푸른사상사 간).

푸른사상 시선

구름 사내

주영국 유고시집